The Essential Krishnamurti

Total Freedom

Krishnamurti

全然的自由
克里希那穆提要义

I

〔印度〕克里希那穆提 著
廖世德 译

上海三联书店

目　录

第二部　日常生活的领会

一个拒绝成为世界导师的人

谢阿弥

克与通神学会

克里希那穆提是在他母亲桑吉瓦玛做火供的房间里诞生的。时在一八九五年五月十二日凌晨十二点过三十分。这很奇怪，因为火供的屋子里通常摆满鲜花，烧着檀香，谁要进去都得斋戒沐浴；家里如有人生或死就得禁止火供，或找僧侣来主持……而桑吉瓦玛竟然让孩子在这个房间诞生。

桑吉瓦玛天生具有眼通的能力，时常看到一些异象，也能看到人们身上的灵光。她虔诚而慈悲的心肠，让克直到她一九〇五年死亡时，都很依赖她。四年后，一直是通神学会（Theosophical Society）会员的拿南尼亚从公职退休，带着四个孩子搬到通神学会国际总部所在的阿迪亚尔，担任总会的助理秘书。克小时候很迷糊不爱讲话，很多东西学不来，老是看着远方，经常抽筋，鼻嘴流血……

除了母亲之外，克一生最爱的就是差他三岁的弟弟，尼亚南达，意即永恒的喜悦。他们兄弟俩在一九〇九年的阿迪亚尔附近的海滩游玩，被通神学会的高级导师赖德拜特发现，那时赖氏正在进行前世追溯的眼通实验，发现克里希那穆提曾为佛陀的弟子，还有许多不可思议的过去世。克和尼亚很快地就被接到通神学会印度总部，准备训练克成为弥勒尊者的第三个容器。不久，通神学会国际主席安妮·贝赞特（Annie Besant）夫人就说服了克的父亲拿南尼亚将两个孩子的监护权交给她。

通神学会是个指导灵信仰的神智团体，一八七五年在美国纽约成立，直到一八八二年才在印度的阿迪亚尔设立总部。他们相信人类必须透过不断转生的过程，来提升意识的层次。而“伟大的净光兄弟”就是意识极为进化的灵团，人类历史上的灵性导师都来自这个灵团。比“净光兄弟”更高一层的宇宙意识能称为“弥勒尊者”，亦即西方世界所熟知的基督。在过去的历史中，弥勒尊者曾借用印度教主克里希那和耶稣的肉身来行道，所以克将成为第三个容器。

克十五岁的那一年，义母贝赞特夫人为他举行第一次启蒙仪式。克和通神学会的高级导师赖德拜特两人，有一次神识离开身体的经验，他看到屋外聚集了学会的资深会员，父亲和弟弟尼亚都在人群当中。

一九一一年一月，贝赞特夫人等人创立世界明星社（Order of the Star in the East），为世界导师的到来作准备，克里希那穆提被任为首席。两个月后，贝赞特夫人带着两个男孩回到英国，许多人加入该会。

那年秋天，贝赞特夫人带着两个男孩回到印度。在十二月的通神学会大会上，克发出了大约四百张会员证给明星社的新会员，领证者顶礼在克的足前。

克在松舍的意识转化

整整十年以后，克二十六岁，尼亚二十三岁，其间还发生了第一次世界大战，他们两兄弟才回到印度探望老父。拿南尼亚饱受糖尿病和肾脏病之苦更形老迈，在接受儿子以额触脚的顶礼之后，立刻跑进浴室洗脚，因为在婆罗门的拿南尼亚心目中儿子已经是被放逐的贱民。此后直到一九二四年，拿南尼亚过世，父子未曾再相见。

弟弟尼亚的身体一向不好，后来染上了肺结核病，他曾渴望过着结婚生子的正常生活，但这些梦想都被否决了，因为他必须负责保护和照顾救世主哥哥。

一九二二年初，克和尼亚搭船从科伦坡到澳洲悉尼参加通神学会会议。会议结束后，学会驻美国总干事威灵顿邀请克兄弟到气候干燥的加州奥哈伊住一段时日，希望有益于病情。后来，贝赞特夫人便将该土地买下送给两兄弟，取名为“阿尔亚·威哈拉”，意即高人的修院。

而兄弟俩便住进名叫“松舍”的小木屋里。这是他们兄弟第一次能够离开人群聚在一起。八月十七日到二十日之间，克产生了重大的转化，他大部分时间都离开肉体，傍晚则在屋外的胡椒树下静坐。克在这段经验中获得了极大的喜悦，他说：“真理之泉昭示在我眼前，黑暗散去。爱带着它所有的荣光迷醉了我的心，我的心再也不能关闭。我饮下喜悦之泉与永恒之美。”

赖德拜特与贝赞特夫人认为这是克的第二次启蒙，但他们无法解释之后所发生的事。每天傍晚六点起，克大约有一小时的时间会呈现半昏迷状态，头、颈、脊椎剧痛难忍。他变得极为敏感，再轻微的声音对他而言都是折磨，而且不能忍受任何触摸。等痛楚慢慢缓和下来时，他已筋疲力尽。这“过程”持续了好几年，每当他独处或与亲近的朋友在一起时便会发生，旅行或会见陌生人时便立刻停止。克从未服药止痛，他一直相信这是他必须经历的——一种无可避免的意识扩张。

有了这样的经验之后，克开始写诗，持续了好几年。他对这一生的使命不再怀疑。他变得比较清楚，比较美。从此，他的朋友和追随者开始尊称他为克里希那吉。

克与尼亚的死讯

就在克三十而立的一九二五年，由于贝赞特夫人心智、年龄的老化（七十八岁），学会中自称通灵的人借机追求权势，在没有照会克的情形下,擅自在奥门（荷兰小城）举行一年一度的世界明星大会，要求一如耶稣的往例选出十二个门徒，克感到非常痛心与困惑。

十一月上旬，贝赞特夫人要求克同赴印度的阿迪亚尔，参加通神学会的五十周年庆。那时，卧病在床的尼亚病情稍有起色，加上指导灵保证尼亚还有任务在身，绝不会死亡，克终于勉强同意前往。

当船通过苏伊士运河时，克接到一份尼亚染上感冒的电报，翌日尼亚又拍了一份电报:“感冒愈来愈严重，请为我祈祷。”这时克仍然深信指导灵能够拯救尼亚的生命，然而当天晚上就在狂风暴雨中，克接到尼亚的死讯!

西瓦·罗和克睡在同一间船舱内，他把当时的印象记了下来:“尼亚的死讯让克的心全碎了，可能还不仅如此，我觉得他整个的人生哲学，包括赖德拜特与贝赞特夫人为他设计的未来远景，也全都毁了！”

五十周年庆之后，便是世界明星大会，克在一棵古老的菩提树下演说，某种征兆发生了，他突然从第三人称的“他”转为第一人称的“我”，声音与表情也突然变了:“他来到这个世上是为了那些怀着渴望的人——我来到这个世上则是为了那些祈求快乐和同情的人。

我来是为了建设而不是摧毁。”使得全场为之哗然！

事后，贝赞特夫人宣布：“这个事件清楚地揭示化身已经成功。”

世界导师再现？

一九二六年克再度前往奥门，聚会中有好几次似乎是尊者透过克在讲话。一晚，克说：“我属于所有的人，所有真正有爱的人，所有在受苦的人，如果你们要走，必须与我同行。”克这么说时，脸部变得强壮有力而坚定，声音也变得低沉而丰厚。

一九二七年初，克写信给赖德拜特说：“我知道自己的使命和任务，我知道我将与导师的意识合一，他将完全充满我身。”四月，贝赞特夫人和克在奥哈伊，她向美联社发布一项宣言：“圣灵再度降临在一个人身上，他就是克里希那穆提……世界导师终于再度出现。”

然而，克在那年奥门会议上的演说，却使他的追随者大为迷惑：“没有人可以给你自由，你必须向内发现……那已经解脱的人已变成导师——就像我，必须靠我们每一个人自己的力量进入火焰中而变成火焰。”言下之意，所有的指导灵和上师都是不必要的，每个人必须靠自己去找到真理。

克经常谈到写到“与至爱合一”，他后来在奥门演说，解释“与至爱合一”的时候，大众更是为之哗然：“小时候我常看到吹着笛子的克里希那——就像印度教徒所描绘的……后来遇到赖德拜特和通神学会，我开始看到指导灵库苏密……看到的形象也是像别人描绘给我的……长大，我看到弥勒尊者，那是在两年前，外形经常也是像别人所描绘的……近来我看到的是佛陀……一直有人问我‘至爱’意指什么？我可以给你们一个意义，一个说明，而你们可以随心所欲加以诠释。对我而言，至爱泛指一切——他是克里希那，他是指导灵库苏密，也是弥勒尊者，他是佛，然而他又超越所有这些形象。你给他什么名字又有什么关系呢？…… 你们困扰的是，到底有没有这么一个世界导师将自己借由某个人——克里希那穆提的肉身——出现在世上…… 我的至爱是广阔的天空，花木，每一个人。除非我能确定不移，并且不为了说服别人，我已经与至爱合一，而显得过度的狂热或夸张，否则我是不会说的。我都是用模糊、概论的方式说，那是每个人都喜欢的。我从未曾说，我是世界导师：既然现在我已经与至爱合一，我要说（我是世界导师），这并不是要把权威加诸你们身上，也不是要你们相信我或世界导师的伟大，也不是要你们相信生命的美好，而只是要唤醒你们心中追寻真理的欲望…… 问我至爱是什么并无实益。说明有什么用呢？因为你们是无法了解至爱的，除非你们能够在每一种动物，在每一片草叶，在每个受苦的人，在每一个体上发现到它。”

一年后在一次奥门会议中，克说如果世界明星社声称它是拥有唯一真理的媒介，他就要立刻解散学会。他在后续的会议中告诉听众：“我希望你们不要听信任何人，而只听信你们自己的直觉，自己的了解，并且公开拒绝那些要做解释者的人。”解释者当然指的就是通神学会的主席。克并且说他不收弟子：

“你们每个人都是真理的弟子，只要你们了解真理并且不追随任何人…… 在个人崇拜中不可能对真理有了解…… 我依然主张一切的仪式对灵性成长是不必要的…… 让生命本身成为目标，让生命本身成为向导，让生命本身成为上师，成为神；这不是要比崇拜静坐的人、上师更容易得多了吗？因为这些人终将离开真理而背弃它。”

他警告听众他们将从根本被动摇。大多数人的确如此。他们要克做他们的上师，要成为克的弟子，要克告诉他们该做什么，他们到达了神智学的哪个阶段。

从世界明星社一九一一年创立以来，各领导人不断地警告会员：“当尊者来到时，他的教诲可能会和你们所预期的大不相同，而且有被拒绝的危险。”如今赖德拜特正是陷入先前所警示他人的陷阱当中。而贝赞特夫人对克仍然关爱备至，有时也想辞去通神学会主席的位子追随克，但是她无法放弃指导灵的信仰。

克解散世界明星社

一九二九年八月三日奥门的世界明星大会上，在贝赞特夫人及三千会员面前，克正式解散为他而成立的世界明星社：

“我认为真理是无路可循的。你无法借由任何途径、宗教、派别接近它……我不愿隶属于任何灵性之类的组织……一个组织如果因为这个目的而设立，它就变成了拐杖、弱点、束缚，必然使人瘫痪，使人无法成长，使人无法建立其独特性。独特性的建立来自于个人亲自发现那绝对的、不受限的真理。

“因为我是自由的，不受制约的，完整的……我希望那些努力了解我的人也能自由，不是来追随我，不是从我身上再去制造一个牢笼……你们全将自己的精神追求依赖在别人身上……任何你之外的人都不可能使你自由……你习惯让别人告诉你，你走到了哪里，你的精神层次如何。这多幼稚！唯有你能告诉自己，你会不会腐化……两年来，我一直耐心、审慎地思考，现在我决定解散明星社，因为我正好是社里的首席。你们可以成立别的团体，再去寄望另一个人，这与我无关。你们要制造新的牢笼，为这些牢笼加上新的点缀，我也不在意。我只关心使人类绝对的、无条件的自由。”

同年年底，克也退出通神学会。

一九三二年十一月，克才回到印度。他从孟买赶往阿迪亚尔去探望贝赞特夫人。她的身体已经非常虚弱，而且完全活在过去的回忆中，然而她还认得出心爱的义子。克后来又去探望了一次。贝赞特夫人看见满脸困倦的克，说他需要好好照顾自己。

一九三三年九月二十日，安妮·贝赞特在阿迪亚尔病逝，结束传奇灿烂的一生，通神学会并没有通知克，他还是从《纽约时报》上看到消息的。

克的隐居与回乡传道

一九三九年第二次世界大战爆发，克在奥哈伊有八年的时光几乎是一个人度过的。他开始尝试各种不同的修行方法，对于自己的意识和感官做了很多的实验，重要的是他处在纯然的观察和身心的觉性当中。此时他结识了赫胥黎、葛丽泰·嘉宝、卓别林、伯特兰·罗素、克里斯多夫·依修伍德、李小龙等演员、作家、思想家和寻道者。

一九四七年十月中旬，克回到印度，他整个人看起来无上的庄严，俊美而警醒，换上印度长袍活脱脱地像一名僧侣。而克在通神学会的伙伴皆已垂垂老矣！此时印度刚刚宣布独立，人民选出贾瓦哈拉尔·尼赫鲁为第一任总理。在此之时，跟随着甘地不合作运动反抗英国人的革命先知们，如罗·萨希布、阿秋等都身心俱疲地来到克面前从事灵性的探索。

接下来的一九四八年，尼赫鲁两度参访克里希那吉探讨印度和自我转化的问题。

克与印度政治

克一生否定了所有修行的法门和拒绝世界导师的头衔，却意外地对印度政治产生无比深远的影响。一九七六年十月二十七日晚上七点三十分，印度总理英迪拉·甘地夫人（尼赫鲁的女儿）来到乔治王大道一号克的落脚处会面用餐。隔天早上十一点，甘地夫人又来见克，不久之后安全人员才匆匆赶到。他们谈了一个多小时，当甘地夫人从屋子里出来时，泪水不断沿着脸颊流下。克说英迪拉可能是唯一在国家紧急戒严下，还能听得进别人话的总理。多年之后，甘地夫人告诉她的好友普普·贾亚卡说，她在见克时，一个微弱的声音在她心中觉醒，建议她不论后果是什么，都要结束国家的戒严状态，举行大选，下令释放“维护内政安全行动”所逮捕的人犯。从此以后，甘地夫人几乎年年求见，她非常信靠克这一位智者的爱与启示，直到一九八四年十月三十一日早上九点半，甘地夫人被她的两名警卫射杀身亡为止。

克的传承与死亡

一九八四年四月二十八日，普普·贾亚卡为了克的传记结尾到奥哈伊的“松舍”见克。问他：“克里希那穆提是谁？他的传承到底是什么？他是不是人类演化中的突变？”克突然抓住她的手说：“保住这份挑战，把这个人忘掉！”他的双手就像海上的风暴一样，充满大自然的能量。“你看看宗教带来了什么样的后果，总是注意老师而忘掉教诲。人们总是崇拜瓶子，而忘了里面的水。”

普普描述克里希那吉的头发已经银白（那时他已八十九岁），时间在他脸上留下了刻痕，然而那双眸子依然和初次启蒙时拍的那张照片一样：清澈，无染，永不回顾！

一九八五年五月十一日，克九十岁生日那一天，普普·贾亚卡又很幸运地来到奥哈伊的“松舍”。她敲了克的房门，跪下来给他顶礼，克笑着把她拉了起来，给了她一个温暖的拥抱。普普说从他的房间可以看到那棵胡椒树，六十三年前克在那棵树下经历了神秘的意识转化。

一九八六年二月十七日太平洋标准时间中午十二点十分，克在奥哈伊“松舍”去世。他罹患胰脏癌，死前重病五个星期。遗体在加州文图拉火化，骨灰划成三份，分送奥哈伊、印度和英国。

克生前曾说：“我是一个很简单的人。这个简单的人已经抵达旅程的尽头。他死后不举行任何的宗教仪式，不祷告，不铺张，也不出殡，更不要为他的骨灰建立纪念碑。在任何情况下，都不要把这个老师神格化了。老师不重要，重要的是教诲。教诲必须慎加保护，以免遭到扭曲和转讹，教诲之中没有任何阶级或权威。它没有任何继承人，无论现在或未来，都不能有人奉我之名传教。”

中文序版·译者序

一翻两瞪眼

廖世德

越过理想主义真理绝处逢生

译者翻译克氏著作，屈指算来这已经是第八本了。但这一本却是最大的一本。除此之外，翻译这一本，比起几年前翻译《心灵的自由》(原名为《老鹰飞行》The Flight of the Eagle)，译者个人的内在已经不同。这其中有一大部分是拜克氏之赐。一般而言，在台湾从事译述工作是很辛苦的。不论是作为志业或职业，其获得的相对回报可说并不相当。之所以还能够坚持下去，有一大部分的原因是，翻译工作常常使人在精神上有极大的收获，心灵可能在一夜之间大大地拓展，进化。译者有幸翻译克氏的著作，更是如此。记得第一次翻《心灵的自由》时，刚开始看到他批判理想主义，颇不以为然，觉得理想主义是人生的动力，是那么美好的东西，不知有何不妥。及至看出究竟，不禁掷笔长叹——这掷笔不是轻轻放下，而是往桌上一掷；这长叹也不是感伤的长叹，而是惊异的长叹！没想到真理的空间竟是这样的天外有天！理想主义是很多人——尤其是知识分子——的精神堡垒，允为“人生坚持的基石”。对多数人而言，这已经是“山穷水尽疑无路”，应该是人生最后的境界了。然而岂知就真理而言，理想主义却是“照次原子粒子的光”（详后述），是仍然值得超越的。当越过理想主义之后，先是眼前一片“柳暗花明”，隐隐约约仿佛闻鸡犬，见人影，转个弯，你已经到了“又一村”。

就是这样，克氏的言论常让我在真理绝处逢生，不断觅向更充沛的精神源头。译书而有这样的精神收获，果然“享受”。本来在事物的进行上，这已是完成了一个从无到动到收的循环，是完整而美丽的圆了。但身为译者，我还有一个更大的圆要完成，那就是读者。

其实我一向就认为翻译的书，译者是不能沉默不语的。但衡诸个人学养，却不免谨言慎行。更何况真理之事，往往是乍闻之下仿佛五雷轰顶，如雷贯耳，足以让人在一夜之间达到另一番境地。然而一觉醒来，欲再回味，却总是“此中有真意，欲辨已忘言”。无论如何，译者是不太有什么名相（词汇）来讲这些东西的，因此常常落得自己美言曰“浑然天成”。然则这一次，一方面固然是译者本来就不宜保持沉默，二来先验的建宇兄也要求我写一篇译序。两个因素放在一起，自己知道鸭子上架，势不能免，只好勇敢提笔。所幸我这只鸭子还懂得既然要上架，纵然姿态笨拙，也还是要认真上去。至于献丑与否，也顾不了那么多了。

直观万事万物 真理无路可循

记得本书翻译期间，有一天晚上出去散步，走着走着，远远看到路边面店锅里烟冒着热气，不禁食欲大发，于是就走进去叫了一碗汤面,和一个年轻人同桌,攀谈之下,原来他也看克里希那穆提。“不过”，如今已经改看奥修。他问我对克氏的看法。我就说我非常喜欢克氏，因为——是个人的脾性关系吧，他教我的“直观”（intuition）让我常感如鱼得水。他要我们以直观体验事物，观察事物。直观是他没方法的方法。但是，最让我动心的，却是他解散世界明星社，直言“真理是无路可循的国度”，直言“不要信徒”的行动。光是读着他的宣言，那种勇猛的精神就跃然纸上。典型不在夙昔，却从那字里行间冲击着我们的心和脑，使我们只因为“看见”，便有了“学习”。

解散明星社，声明不要信徒，不要组织，是他最大的特点之一。他发现：唯有以直观直接观察当下即是，才可能趋近真理，是生命恢复完整的生命，而不分裂为二元运动，使其中的二元互相对抗，因而产生恐惧、哀伤、挣扎等等——人生的痛苦全部都在这里。所以，秉持这样的精神，他不只是解散明星社，声明不要信徒，不要组织而已，而且他还彻底摒除一切教会制度、信仰、样式、观念、法门、戒律等一切的一切——凡是已经成立，已成结论的东西，他一概不要。这是“唯真理是问”，彻底排除趋近真理的一切障碍的勇猛精神。

但这就产生了一个问题。因为，克氏若是默默无闻，他可以在他印度的小村庄一生成道，以他那清明透彻的心智在地球上属于他的角落散发动人的光辉而终了一生。然而他并非默默无闻。他是从年少时期就被通神学会判定为弥赛亚再临的人。世界明星社即是为迎接他成为“世界导师”而设。所以他的一生早就注定不能独善其身，必须向世人发言。必须发言，却又早就摒除一切妨碍真理的“中介”，所以他只能够依靠那灵性此生最后的寄居之所——身体，“以我口说我心”。以我口说我心即是形诸语文，那不是问题的问题就发生在这里。

是谁分析脑袋　克唯真理是问

语文是用以“指称”事物的符号。要指称，就必须“截断”，否则就不明确，就无以指称。但是这一截断，截断的却是实相。另外一个问题是，我们必须“记忆”符号的意义，才能使用符号。但事物一经记忆贴上符号，从此我们便开始错以符号为事物本身。所以，铃木大拙才会说打从我们出生以来，自从第一次吹风以后，就再也没有吹到风。真的，细心地觉察起来，我们确实第一次淋雨之后就再也没有淋过雨！第一次见过草地露珠以后，就再也没有见过草地露珠！唯有那铁锤不小心锤到手，让你痛彻肺腑时，你才有那一秒钟浑然忘我，真正完完整整地与那疼痛同在！是的，我们用符号，用记忆，用概念包围自己，把自己和世界隔离起来。年岁渐增，生命的一切虚妄便“仿若冰霜一般，重重地压在我们身上”（华兹华斯语），我们也失去了真实的生命。

语文本身有这样的谬误，克氏自然知道以语文说语文之谬，是有问题的。所以他才一再叮咛听者不能只是听“话”，而要深入地聆听，做真正的观察。但这只是理想状况。论者（克氏总是如此自称）虽然再三叮咛，可是听者对“语文只是符号，只是记忆”这一点却常常有待学习。说到这里，我们便想到面店那一位青年。记得当时他说他之所以改看奥修，是因为克里希那穆提“太分析，太头脑”。这话听得我一愣一愣的。后来去台北，又听到相同的讲法，连字眼、提法都一模一样，煞是奇怪，也怪耐人寻味的！后来的几天也就不免多想了一下这个问题。那么，克氏是否真是分析的、头脑的呢？我想我们或许可以谨慎一点。首先，我们之所以会从克氏论语文对于真理之阻碍想到这位年轻人的看法，原因就是克氏论语文对于真理之阻碍，正好结结实实地反驳了克氏是分析的这种说法。因为，请注意，当克氏说到语文对于真理的阻碍时，他说的就是语文的本身，语文的全部。换句话说，语文不论是所谓分析的还是综合的，都对真理有阻碍。这不是很清楚吗？话说得这么清楚，却还有人要回过头去，把语言分出所谓分析的和什么的，然后再说他的语文是分析的，实在令人有语无伦次之感，犹如梦呓一般。更微妙的是，说克氏是分析的，不知不觉就隐含了一个意思，那就是他讲话是虚张声势。因为，克氏自己对“分析”这种方法就多所批判（详后述）。这样，我们再回头说他分析，无疑等于说他不知道自己在说什么，所以他成的道也是假的。说克氏是分析的，会扭曲出这些东西。

整体析成部分　克氏知觉一切

说某人是分析的，头脑的，这里面的“分析”似乎是与“综合”相对；而“头脑”，似乎是“思考”的意思，而与“实修”或“实证”相对。如果我们一定要掉书袋的话，根据布鲁格（Freiburg i.Br.）编著、项退结编译《西洋哲学辞典》“分析”条：

> 分析的字面意义是把一个整体分离成数个部分。用于哲学术语，分析意谓心智将整体——实际整体或某种概念的结构——分离为组成因素的方法，藉此方法使那些在未分之整体中，原来只是隐含地(implicitly)为人认知的各部分，都分别突显地（explicitly）为人认知。其相对的心智作用称为综合……

从这一段话，我们可以看到，分析这种心智作用目的在于“使那些在未分整体中，原来只是隐含地为人认知的各部分，都分别突显地为人认知”。换句话说，分析的目的在于说明“部分”，彰显细节。

由这样的意义来看克氏的言论，那么至少就译者所译的八本克氏著作而言，我从来没有看到有哪一句话是志在说明部分，彰显细节的。倒是他论及分析之无用的话屡见不鲜。光是本书，信手拈来就有好几个例子，譬如：

> 你也许可以从理智的分析，知道民族主义会造成毁灭。但是你这个知道里面却没有感情。人要有感情，才会有生命。

> 我认为分析——不论是我们自己分析，还是专家分析——无济于事。分析或许可以帮助我们稍做修正，帮助我们生活稍为平静一些，使我们有一点爱心，可是却无法让我们全然地知觉。（请注意后面这一句话：“分析无法让我们全然地知觉。”）

> 今天早上……万物欢欣，唯有人不然。他看一眼这奇妙的地球，就回过头自顾自劳动，悲伤，快乐。他没有时间看。他忙着处理自己的问题、痛苦、暴力……他如果被迫看什么，就把自己看到的东西撕裂——这个他称之为分析。

> 你是否要这样一层一层地解放你的心？这需要时间，需要分析的工夫。传统的说法总是说……现代的心理学家也这么说：你必须一步一步来，要分析……这不是浪费能量吗？……分析的每一步都必须很准确，否则下一步就跟

着错误。每一步分析都必须完全、真实、究竟，否则我就迷失了。而且那分析的人又是谁？那分析的人不就是被分析的东西吗？

人的意识幽微之处隐藏着……各种恐惧……这些恐惧能不能不分析而揭露出来？我们已经见过分析的徒然无用，见过分析者和被分析者其实没有分别。那么，心既然明白分析或内省的荒唐、虚假，该怎么办？

这些话都讲得很清楚明白，直截了当，译者就不必多作解释，狗尾续貂了。

孤独一念不起　内外剥除迷障

其实译者很想摒弃上面这种“辩驳”的心情为读者引两段很美的文字。那是克氏一九七三年九月十五、十七日的日记：

其一

他（克氏自谓）最近才发现自己这样长程散步，走在街上或孤绝的山径时，心里竟是一念不起。从小就是这样——心里没有一点念头进来。他只是看着，听着，就这样而已。意念，连带它的种种联想，从来不起，也不产生意象。有一天，他突然觉察到这是多么不寻常。他屡屡想要思考，可就是一念不起。散步的时候，不论与人同行还是没有，都一念不起。这就是孤独。

其二

奇怪的是，他（克氏自谓）和那些树、河流、山总是缺乏距离。这不是培养出来的。这种东西没办法培养。他和别人之间总是没有围墙。别人对他说什么，做什么，总是伤害不了他，恭维他也感动不了他。反正他就是不为所动。他并不疏远，冷淡，只是像河水一样。他没有什么意念，孤独的时候甚至一念不起。他的脑讲话写东西时很活跃，其他时候则是鲜活而静，却不动。动属于时间，鲜活则不然。

这种鲜活，不论睡或醒，一直都在，不论方向。他常在这种冥思的鲜活当中醒来：这种东西大部分时候都在，他不要求也不排斥。前一天晚上，他半夜里醒来，非常清醒，感觉那个东西像火球或光球一般，跑进了他头里，进入了头的中心。他客观地看着它，仿佛看别人的事情一般，看了好一会儿。这不是幻象，不足心造之物。黎明将至，他从窗帘隙缝中看到了那几棵树。

看这两段文字，整颗心似乎要跟着克氏的心沉寂了或者说是冥思了。这就是克氏与人不同的“心智状态”。其实克氏的一生可以说是内外在同时剥离各种迷障，直趋真理的过程。外在，这个过程最大的动作是一九二九年八月三日宣布解散世界明星社。世界明星社是通神学会专为他成立的。通神学会一八八二年由勃拉瓦茨基夫人创立，其玄学体系最远可溯自卡巴拉（Kabbalah）和诺斯替教（Gnosticism）。传至安妮·贝赞特夫人手上，判定克氏将成为“世界导师”，于是成立世界明星社，迎接“世界导师”的到来。但是他“终于摆脱了通神学会加诸他身上的那些肤浅的仪式和阶级观念，一点疤痕也没有留下”。他想“探索或去除人类意识的结构，深入思想和情感的核心，从层层的知识障碍中挣脱”。一九二七年六月三十日，他说：“多少世以来，当然也包括我这一生，尤其是前几个月，我一直努力想得到解脱，且从我的朋友、我的经书、我的学会之中解脱出来。你们也必须争取同样的解脱，你们的心必须持续不断地在混乱中改革。”一九二九年八月三日，他终于宣布解散世界明星社。拒绝任何组织、信徒、权威和包含在这一切之内的地位、名声、财产。而且更彻底的是，他拒绝声称自己受到什么特别的启示，或者在灵性上成就什么道。他只要听者信赖自己，放弃个人的野心，借内观了解自己。这是他在通神学会的过程。若是再用印度教的观点看他，那么他可说是现代印度哲人当中印度教色彩最淡薄的一位。从这两方面看，其彻底如此。

分析当下即是　真理大测不准

至于内在剥除迷障的过程，他除了摒弃所有的信仰、体系、权威等之外，尤其一再提醒我们要注意表现为知识的记忆、经验等这种微妙的东西。他再三阐述这些东西怎样地阻碍我们趋近真理。这一点我们前面已经说过，兹不赘述。比较有意思的是，克氏这样提醒我们注意这种认知真理的障碍，简直就是提出真理认知上的“测不准原理（Uncertainty principle)”。“测不准原理”是物理学家海森堡在一九二七年建立的。所谓的“测不准”，是指“测次原子粒子的位置和速度不准”。原来在海森堡之前，科学家测量次原子粒子的位置和速度时，总是依照我们测定平常物体的原理，认为理所当然测定了事。可是，海森堡却说不是这样的，否则就谬误多多矣。他发现，我们在测量次原子粒子的位置和速度时，总有一个曲折幽微之处，使我们测定的结果出差错。其中的道理，简单地说就是：我们要测定粒子的位置和速度，首先就必须要看得见粒子，要看得见粒子，就必须有光照见粒子。可是光一照见粒子，光粒子就立刻打到粒子，改变了它的位置和速度。所谓的测不准就是在这个地方测不准。同理，克氏再三叮咛我们的就是，在真理的觉察上，若不能摒除记忆、知识、经验、信仰、结论而直观当下所示，我们就会用记忆、知识等这些“光粒子”打到“当下即是”这一颗“次原子粒子”！因而无法正确认识真理。

底牌掀给你看　是爱真理自由

因此，这么透彻的认知而形诸语言，若说竟然还是“分析的”，恐怕令人难以理解。译者推想，有的人之所以认为克氏是分析的，原因之一可能是克氏的话，不管在哪里，通篇累牍，讲来讲去都在讲那几样东西，所以可见是极尽“分析”之能事。然而在译者看来，却正好相反：正因为克氏透彻，所以要讲的，能讲的，就只有爱、真理、自由这些东西。在他看只有这些东西才是人生根本的东西。要讲就要讲这些，至少要讲怎样看到这些。他这是在直接掀底牌给你看。可叹的是，他已经把底牌掀给你看了，你却还在追究他是怎么叫牌的，恐怕是搞错了吧！

铃木大拙当初把禅宗介绍到西方时，西方人对于这种东西觉得莫名其妙。譬如，师父指着门问徒弟说这是不是门，说是也打，说不是也打。如此背逆逻辑，却又讲得煞有介事，在西方人看来，简直就是高度发展的精神分裂症。同理，学禅的人在参公案的过程中，心智上总是充满着疑难，怎么走都走不通，非常紧张。这是参禅过程中的“大疑”。聆听克氏的语言时，由于语言是他没有工具中的工具，我们也很容易在他的语言中落入这种“大疑”。可是我们必须谨慎地分辨，参究真理过程的大疑，不等于真理可疑。真理不可疑，可疑的是知识的迷障。我们来玩真理的牌，底牌一掀，一翻两瞪眼，唯有见或不见而已。我们这些不见的人，要不就是回家自修，要不就是与克氏绝缘。就这样了，不必介意。

一九九九年七月十五日序于高雄

（作者为译作家）

中文序版·出版序

我的幸与不幸

陈建宇

一、幸运的前尘往事

我在高中时，曾在书肆买到一本小书《教育与人生》，译者是许南星，因为文字错落不少，所以匆匆一读即弃之书海，不复记忆。事后多年才知道，它是台湾第一本有关克氏的著作。

及出社会，成立创见堂身心灵整全中心，时胡因梦在一片赛斯热中极力译介克氏多本著作。翻阅之余，心神为之震惊，二十世纪竟有如斯觉醒卓越的心灵，套一句形容美人之语：不可方物。当时，除了印顺导师的专论和妙云集之外，书海之中少有智慧之书能入我心我眼。奇怪的是，我直觉地把克氏与佛陀、龙树并置，视他们为人类攀登真理高峰直达顶端的三个人。

虽然，当时创见堂引进奥修门徒的多种按摩、光灸、静心课程，并有李玛莉小姐大力推动。但我内心推许的竟是一个没有组织，不讲理论、方法，拒当世界导师的克里希那穆提，而且在我带的人生禅工作坊里，不时推介学员阅读克氏著作。

一九九四年，中国生产力中心举办了我与胡因梦的一场演讲，那时胡带来她译的刚出炉的《克里希那穆提传》。她说封面是她设计的——一帧克氏俊美刚毅的中年照片，眼神警醒地望向前方。全书最让我印象深刻的是他的拙火经验与意识转化的关系。

一九九六年，创见堂也出版了一本《克里希那穆提最后的日记》，我以对克氏的神会把译稿润饰成信实、雅致的白话，颇有读者反应读来不像翻译文字。

一九九八年，我离开创见堂，成立先验讲堂、先验文化事业和先验人文网，积极请人译介克氏的《全然的自由》和《智慧的觉醒》，以及超个人心理学大师肯恩·威尔伯的《一味》、《万法简史》、《意识的光谱》、《意识转化》等。

一九九九年，克氏生前的追随者 LINK 的编著者辛格·拉宾德拉（Singh Rabindra）和兰曼·帕特尔（Ranman Patel）来访。我请教他们在觉醒的道路上，拙火经验是否必要？克氏怎样看待自己的拙火经验？他的洞见和拙火有因果关系吗？

他们的回答：在觉醒的道路上，洞见与拙火经验不必然有因果关系。克里希那吉生前力主观察揭露心意识的真相，即冥思，拙火并不常提到，并不是主题。

那么，克氏临终时如何？

答曰：平静——等待；没有挣扎。

他们的回答平淡、冷静，绝不激情，好像谈论的是一位死去的朋友。

那么，你们以为克里希那吉到哪里去了？

两个老外双手一摊，神情相当可爱。

哈！哈！我故意起哄左手天堂，右手地狱，请他们二选一。

记得在创见堂时，每有奥修的门徒到台湾开课，得空，我必发一问：你第一眼看到奥修时，如何？你为什么会成为他的门徒？

大部分回答蛮类似的：噢，他很美，让人心灵悸动！第一眼我就臣服了，与他合一……

我想这与老师生前的教化风格和精神状态有关。至于哪一种风格、精神主张有益于身心解脱或世道人心，恐怕仁智互见？然而，从哲学到宗教与教育，不脱认识自己一途，可不慎乎？人一生不能完全以取悦身心、沉溺世间为终极目标吧？我的意思是人不能陷溺在心理时间里捕风捉影过一生。(涅槃不是一种出神忘我的状况，好吧！涅槃无关乎任何状态。)

二、不幸的口角春风

八九年来，带人生禅工作坊的关系，常有机会被问到以下的问题：

> 克里希那穆提给你的启示是什么？

是啊！老克启示了我什么？一个诚直而永恒如新的人，一个内外没有依赖而不弄权的人。人是可以那样活着，而不觉得失落吧！人要诚直，除非他没有"自我"，没有"自我"，权力、依赖伊于何底——对于别人微妙的操控或影响？截至目前，我自问做不到，看，这会引起多大的心智恐慌啊！绝对比美"九二一集集大地震"。

> 请问你怎么知道克氏是否真的无我了？虽然，他解散了世界明星社，不当救世主，那也只证明他放弃权力，放弃别人投射在他身上的光环而已？

其实，我对他是否“真的无我”了，并没兴趣。甚至，他是不是人类基因的突变，也无兴致。我只知道他一向千山我独行不必相送，有其道理。我并不会强迫自己去仿效他，因为他不是我的权威、偶像，他也不会是我的未来、理想。就像佛陀一般，我并不想效法他成佛。就像王永庆的成功，不容易，但我不会想去“变成”他。我倒觉得存在本身已有足够的神奇与乎欢欣，让我们的心静下来，观察、探索这神奇与欢欣吧！

可是，在课程中，你常引用佛陀、龙树、克氏的话，你是推崇他们的，为什么？你怎么去判断一个人是否可能没有了自我？

是啊！老克“可能没有了自我”，怎么看？看他一世的作为表现吧？看他一生的肢体语言吧？看他周围的人的神智吧？看他在对话探索中，如何投入未知相忘于江湖吧？但别忘了，重要的是观察自己的心智活动，日常取舍之间的“我”……

听你这么说，好像你已认知什么是真理？什么是实相？

哦，并不。我只是说言行就是言行的人本身，绝不分裂冲突，老克身上有这种合一的特质。至于我是否认知了真理，真理无法被“我”“认知”，一认知就有分裂，就属于过去。贴个标签，真理是浑然的未知，不可知的云。人倒可以去看看认知是如何形成的。

以上的言论，也是一种认知啊？

然而，与其说我认知了真理，不如说我认知了自我。我观察当下心意识的活动，思想的、意志的、情感的、本能的，让它们自主地出现，不压抑、武装、否认、批判……我常“做”这样的“观察”——冥思的功夫，随时随地。对！我是这样一点一滴地了解自己，了解老克、佛陀、龙树等等。自我可能是一层透明的膜而已，但是我们犯不着去揣测，想从这里到达那里，想从有我变成无我……

据说你对《全然的自由》做了八次的校稿润饰，为何这般谨慎？

我想是受了老克的“老师不重要，重要的是教诲”一语的影响吧！我记得他说“人们总是崇拜瓶子，而忘了里面的水”，所以我特别郑重其事，迹近神经质吧！另外，我一直希望老克有一本书像《论语》那样循循善诱的对话体，又有老子直述其道的风格，而《全然的自由》符合了这样的期望，所以我特别地用力耕耘它。

就算你认知了自我，但这样的观察何时了呢？人的蜕变是否可能？人的蜕变需要时间吗？（这个问题像不像顿悟如何可能？）

这些问题刚好这一本书里都有讨论。应该说老克的一生中与人们一起探索的，正好是这样的核心问题。回到我们自己，怎样开始这样的探索呢？完全没有权威，没有组织，没有方法，没有理论——真理是一个从概念出发的问题吗？真理是一个逃避现实的去处吗？

真理是心是物？抑心物一元？或非心非物？

看着这个问题，感受它所有的意涵，看着“我”意欲何为？正在做什么？

克氏的全然的自由是什么意思？他悟了吗？

他悟了吗？你问的是他拥有了什么吗？如果是这样，你不如问他有没有钱？有没有群众——羔羊。

如果我们“没有办法”直下探索；或者说“不习惯”这样的从“无”下手。无——理论、方法、概念、影像、时间、自我——无。那么诚如书中所说，我们能不能“结束现状”？现在，当下，结束现状。与其在“认知”或“蜕变”里夹缠夹缚，不如结束现状，现在，当下。能不能？

克氏曾说：“所有的时间全部包含于现在。这是事实，实际状况，不是理论。你现在如何，是过去的结果。你现在如何，未来也将如何(佛教徒应该很能接受这样的话)。那么，我们的行为，我们的生活方式，我们的思考、感觉是否有可能在现在完全地突变？”

在现在完全地突变？结束现状？你是说这是一种行动吗？我们必须去做去结束现状？

结束现状就是行动，就是蜕变，没有“我们”“必须”“去”“结束”的动作或影像。结束就是结束，没有任何延续，其他。

老克曾说：“行动是什么东西？做（doing）是什么东西？Doing永远是现在式，没有什么已经做了或‘我会做’。如果我可以用这三个字的话，‘行动的’意思就是现在就做，准确地、完全地、完整地做。

行动是完整的、完全的，不是部分的。行动如果建立在意识形态上，就不再是行动，不是吗？”毕加索在一九三五年面对创作危机，重新省思自己的生命意义时说了一句话：“艺术没有过去，也没有未来，不存在此时此刻的艺术，就永远不会存在。”我不晓得这与“行动的”旨趣是否相通？

这种行动难以理解，有没有别种行动，我可以做的？

好吧！再引用老克的话，现在他是我们的权威了。我想这是老克也是所有人的悲哀、不幸。

“人的意识是万千年来，人的各种努力、悲伤、痛苦、焦虑的产物。这一切都在我们的心里。学习观察，学习聆听意识的全部内容，观察这个意识，就是一种行动。”不错，观察对你我会是最好的行动。

请你谈谈克氏对真理的观点？

我认为克氏对真理的观点，就是他的宗教观点，也就是他的修行观点，教育观点，生活观点。他会提示我们：要弄清楚是否真有不受思想影响、不腐败、不是幻觉、不是欲望或经验投射的东西；是否真有不受思想影响，完全原创的东西。（这讲法像不像禅宗所谓“不立文字，教外别传”？）我们说过要发现这个东西，生活必须有秩序。秩序是美德的真义。

在一次演讲里，克氏说：“宗教是创造新文化的因素。没有宗教，文化即将死亡，文明即将崩溃……（但是今日的）宗教是否已经和日常生活分离？（今日的）宗教是不是为生活创造秩序的运动？宗教如果和日常生活分离，就只会制造更多的混乱，更多的冲突而已。

要了解宗教的意义，我们的生活必须有秩序……秩序唯有毫无拣择地了解和充分觉察个人生活的混乱、失序时才会发生。”

在另一次演讲里，克氏说：“冥思意味着有条不紊的生活，所以也是极有德行，极有道德的生活。冥思也表示了美的了解、美的深度。冥思表示清理意识，也就是清理自己和你所有的执著、恐惧、希望、欲望——观察并清理这一切。这样的话，你才会有能量发现那永恒者，发现那无始无终的东西。”小心！不要这样就认定真理是无始无终的东西。

我个人一向认为克氏是小乘阿罗汉，他是悟了，但跟大众何干？就像他不要名不要利一样，大多数人还是要名要利呀！

我很无辜地在这里，为一个死去的人辩护，只因为他对自己对别人有爱，而留下一些话语。老克说过：“我们有责任不但在理智上，言辞上去探索，也要用全部的心，全部的脑，全部的生命弄清楚目前的状况是怎样形成的。”

你说他是小乘阿罗汉，他倒是蛮有大乘精神地提过：“不管走到哪里，这世界的每一个人都在忍受各式各样的悲伤。千百万人在哭泣，偶尔有些欢笑……心理上，这是事实，是实际状况。这可以观察，在每个人脸上看到。所以，在心理上你等于人类全体。”

末了，我想再引用一段他的话，也是我的座右铭来结束这个辩护：

“人类一旦转变自己，你一旦彻底转变，你就会影响人类的全体意识。你是人类，也是人类的运动，这是事实，是实际情形。你改变，也就影响这个世界。所以这是你重大的责任。”

三、PS

那一天晚餐后，LINK 老外要离去，拥抱之后还是拥抱，最后一幕是黄色的士急驰而逝。一天下来我们联结了吗？联结的是身体，还是心灵？搜寻同好算不算是一种联结？传布教诲是不是一种联结？

不晓得为什么，我还是想起毕加索。一九三二年他说：“当我们讨论现代画时，我很难了解‘recherche’——研究、搜寻——这个名词。我认为‘搜寻’这两个字在绘画里没有意义，重点是去‘发现’……当我作画时，目标是要表现出我发现到的东西，而非我在寻找的东西。”

艺术不能再凭恃“搜寻”；在已经发生的步骤里，我们也搜寻不着它。

我们只能在不断涌现的此时此刻中找到艺术。重点是“发现”。

是啊！现在我们失去了克氏，所以再来搜寻联结，行吗？其实，我们从来不曾拥有他，就像我们在这一秒钟不曾拥有自己……底下的每一秒钟也是如此。所以重要的是每个人的发现，没发现，也许可以失去，可以看看底下三行：

失去，
但要真诚地失去，
好为发现挪出空间。

（这像不像老子讲的“为道日损，损之又损，以至于无为”？）
愿以这篇文章送给普天之下的你，其实也就是我。
“我”在空中诞生，在空中消失。

二〇〇〇年十一月二日

（作者为先验文化事业负责人）

中文序版·推荐序

不朽的朋友

胡因梦

“松舍”前的胡椒树被一股突袭奥哈伊的旋风吹倒了。

象征高人成道的这株壮硕古树的残根，创发出了蓬发般的新绿，然而姿态有些突兀，无法逆料它将长成什么离奇的模样。

三十多名来自海峡两岸的中国友人，从“堕落的天使之城”驱车抵达克氏基金会。他们安静地围坐在阅览室，共同观赏介绍克氏生平的录像带。负责解说的我，被浓雾一般的时差整个笼罩，眼皮重得几乎抬不起来，但荧光幕上那张俊美得令人惊骇的容颜，仍然能适时警醒沉沉入睡的心。

十年了！巧遇克氏教诲至今已经一个“decade”。从初期彻头彻尾的震撼到执著到深化到放下到融入，恰似《羯陀奥义书》中的警训——接近伟大的导师，才察觉道途之艰辛，其中的岔路，宛如剃刀边缘。

即便是再清澈、明晰、无疏、无漏的奥义，仍然可能被解读者的自我错诠误释。

自我的河床上布满了野心、期望、奋力、动机和先入为主的成见，这些大大小小的巨岩和卵石，阻碍了湍急的流水，因此解读者无法与去执的洞见之河合一，也无法纯然聆听这富有强烈情感的交响乐章。

人性的深度就埋藏在无我与空寂的大能中，这股大能的精神示现是一种非目的取向的爱，而头脑和思维的活动却是非爱的。克的教诲虽然总是透过密不漏风的逻辑推演和对话式的探索过程揭露真理与真相，其精髓则是那全神贯注的同体之情。解读者如果只停留在文字话语的层次，便堕入了智性上的满足，继而可能滋长精密的诡辩、自圆其说的批判与论断，随时握着一把究竟真理的巨尺，度量众生的不智与悲苦，在否定之道上流连忘返。然而否定之道并非"否定"一切，洞见也绝不等于批判；前者是彻底"放下"意识中自我的造作，后者则是在彻底放下造作时所出现的悲智。

习惯于挣扎的自我一旦"企图"达到贤者指出的无为，极容易遁入无感与冰封。如同心理医师大卫·兴伯格所言："克氏的追随者倾向于将一切放在冰块上。"然而无为并不是什么都不做，它是一种与所观之物合一的觉知，日常活动照旧进行，谋生形式无需改变，业力的驱动也不假以压抑或否认，而只是随观着因缘互动时意识中生起的各种反应。

随观是对自己的思想和感觉永远保持警醒，而且全神贯注于它们的内涵，洞悉每一个念中之念的本质。这样的随观与传统佛法的内观、观照或参话头是旨趣相异的；后面三种途径都是从自性的次元俯瞰意识活动，任其生灭，而不假以深入探究。然而克氏阐述的随观却需要把思想、情感的所有内涵都看清楚，在穷其究竟的过程中，产生对心意识的深刻理解。

超个人心理学大师肯恩·威尔伯曾经坦言，十五年的禅修和数次由禅师认证的"见性"，并没有治愈他内心的阴影，他时常利用禅坐规避情感或情绪的问题。当他面临生命最艰苦的磨难时，仍然得求助于心理治疗的揭露技法。克氏的教诲就是一种揭露的过程，一种有别于心理治疗的彻底揭露。心理治疗通常涉及理论、派别、时间、过程与自我的渐进改善；克氏的教诲则更积极地挑战时间、过程与自我的真实性。

一九七五年的四月底，克氏在纽约会晤了二十五位精神科医师，其中不乏弗洛伊德、荷妮、苏利文与罗杰斯的典范追随者。克氏首先探讨的议题是：恐惧的根由到底是什么？他指陈，心理上的恐惧其实源自于思想以及“变成”的欲望；思想一旦止息，恐惧也就自然消除了。在场的某位医师提出“不思想便无法成为人”的笛卡儿式观点，克氏鼓励大家探讨“没有思想才是真人”的可能性，并更深一层地直指——存在感的本身就是恐惧的根源。这种超越思想，超越时间感与自我感的治疗创见，令与会的医生们在耳目一新的震撼之余，不得不考量集中焦点于自我、存在与变成的心理治疗的妥当性。

有许多不求甚解的人，误以为克氏的教诲落入了文字禅的窠臼，相反地，也有许多人误解克氏为反思想、反道德、反科技的偏空之师。克氏直指真相的表达方式，确实容易引起以偏概全的论断，譬如他曾经说过责任之中并没有爱，于是习惯逃避责任的人，便以此说来合理化自己的倾向。但是在爱伦·安德森与克氏长达二十个小时的对谈录像中，你却赫然发现克氏不但强调责任的重要，而且将责任由个人转向了全人类和整个地球。安德森教授在《克氏百年纪念集》中曾经撰文说明，克并无意抹黑“思想”，他非难的不是科技、思想和知识，而是人类对科技、思想与知识的误用或滥用。精打细算的思量与冥想式的深思可以是互惠的，它们并不是对立的两股力量。

我十月曾经在布洛克伍德公园克氏基金会巧遇玛丽·津巴乐斯特，这位护持克氏二十年之久的年迈长者，当时正在撰写另一本有关克氏的传记。她在早餐时与同桌的英国夫妇以及我谈到克氏教诲和佛法的异同，她询问我的看法，我的回答是：没有相左之处。玛丽的表情在力持友善之下，难掩失望与微愠，她转头继续和英国夫妇交谈，以极为婉转的方式阐述克氏教诲的博大精深、无与伦比，但我的心中仍然将克氏与佛陀放在同一个天平上。

早在一九五〇年代初期，当印度瓦拉那西的学者们初次听到克氏的教诲时，其中的佛家学者认为他传达的是正宗佛法，吠檀多学者则认为他说的是吠檀多哲学，佛家学者优帕迪雅觉得他的话更像龙树中观。多年过后，优帕迪雅已经无法以任何言语描述克氏的教诲。

隶属藏密系统的桑督仁波切，曾经与克氏进行长时间的哲学探讨。起初他习惯性地以佛家观点来理解克氏的见地，但总觉得不安。后来他试着以毫无成见和局限的态度，从空性中聆听克氏的话语，才逐渐识出佛陀与克氏的异同。基本上，佛陀永远从两种层次——相对与绝对——因机施教，而克氏从不落入相对次元，他的话永远发自于无我的绝对境界。佛陀采纳思想、准备动作与渐进的转化过程帮助众生成长；克氏却认为这样的途径太遥远，人们必须当下自发地产生转化与突变。仁波切指出，从绝对真理的角度来看，佛陀与克氏都主张转化与突变的那一刻是没有时间性的，洞见就是洞见，不论你的立足点落在哪一边。他们也一致认为在洞见之中，思想没有可以扮演的角色，因此所有的思想都必须放下，此外他们采用的都是否定之道，因为实相无法言传，他们只好否定或放下所有的概念、意念与想象，让人们能如实见到他们的发现。

以短短的几千字为《全然的自由》写序，对我而言是一件极为勉强的事。要写，就该好好写上一整本书。在我的生命历程中，克氏教诲是我唯一不再变心的真爱。它的分量太重，它的影响太深，它强大耀眼的光束，几乎照亮了内心每一个阴暗的角落。这位全然无私、诚直得令人心恸的导师，带给未来人类的影响，可以预见将是一代甚于一代的。每隔一段时期，重新拾起过去翻译的克氏著作，总是能映照出未充分显相的惑业。每一句被一笔带过，未经深思的洞见，也总是能再度提醒你“留意！留意！”如同《克里希那穆提百年纪念集》中七十多位曾经受惠于克氏的友人，我必须承认他的教诲是我人生中最大的震撼。

至于奥修，我想到目前为止，人类还没有发明一种足以将他和克氏摆在两端的天平。克氏的字里行间没有任何彩饰，奥修的言辞之中尽是魅力。

真知灼见之人一向是诚恳的，自古迄今都是如此。

（作者为台湾知名作家、演员）

最神圣的真理

游慧娟

坐在观海楼前写序

一九九九年淡水的冬天非常湿冷，坐在观海楼前为《全然的自由》写序，手不禁拉了拉湘云纱，想起了洪丽芬——设计湘云纱的人，想起了克里希那穆提——这个全然自由的心灵。一只白鹭飘落了下来，捷运列车正在拐弯处……不知道会不会吓着了它。

克氏说，如果你是艺术家、画家、文人，你也许会描述什么很美的东西，画什么很美的东西，写出真能激励生命的诗。如此这般，美是什么东西呢？

身为一个空间设计师，这也是我心中常有的问题。不管是商业空间，一般居所或独栋别墅，我恒常以美为创作的核心。但美是什么？

克氏说，各位有没有发现，要是拿好玩的玩具给一个顽皮的小孩玩，他会立刻不再顽皮，完全沉浸在玩具当中。（这么说来空间设计就是我的玩具喽？）那么，沉浸在诗、容貌、绘画当中是不是美？看到一座奇妙的山（如我眼前水茫茫的观音山），山顶覆盖着永恒的白雪，陵线衬托在蓝天之下，有那么一秒钟这样的美景驱除“我”

所有的问题、焦虑。

于是你说，多么美啊！然而不受外在什么东西的吸引，是不是还有美呢？（譬如观音山下的那一片曲折的水之湄？关渡桥红红的两跨弧横渡烟波？那美丽的容颜躺在太平洋上，等等。）

这就是说，美存在于没有自我之处。（没有自我，多么令人难以想象呀！）

深层对话自我起源

在一九九五年六月，我遇上了领我探索克氏教诲的人，陈建宇老师。记得那是一个周四晚上的聚会，他们称之为“人生禅工作坊”，一群人围着一位穿教士领白衬衫的中年男子，讨论身心是不是一部机器。大战方酣，我问：“身心若是一部机器，那灵魂怎么说呢？这世界是真是假？”

一双大眼睛直视着我说：“有这么个说法。但现在让我们来讨论思想是不是物质？克里希那穆提说是，你认为呢？”第一次这个陌生的外国名字闯进了我心中！

从那时起，我就经历了一连串的身心变化与设计生命的不同阶段。

一九九六年入冬，我随着人生禅所举办的开悟之旅来到向往已久的加拿大，路易丝湖的平静，斑芙的秀丽，空气中那份干冷的清新气息，暂时洗濯了一年来忙碌繁重的设计工作，设计一直是我的最爱，但整年下来仍然感到身心的无法负荷，到底是什么让人如此的疲惫，是设计工作的特性呢？还是个人的性格因素？

晚间在下榻的旅馆进行一项名为“深层对话”的课程，借由人的某一个意念、情绪、感觉或者困境，进入我们意识的最底层，重点是下达指令的老师必须对人的意识状态要有深刻的研究，对意识的本质要有一定的洞见。在这长达四五小时与内在的自己深深的接触中，我整个人格状态的原型与成因都一一浮现出来，看到小时候的经验带来日后的影响，各种制约造成心灵的不自由和创造力的低落，颇受震撼。稀奇的是周围一二十人见证了这一趟意识之旅。这个今天的“我”看来并不复杂，但也可说并不单纯，这使我联想到当初的讨论——人是不是一部机器，这世界是真是假？此刻别有一番滋味在心头。回国后，我重新思考空间设计中这个最主要的因素“人”是怎么产生的？以及人在生活中对机能的需求以及渴望又是怎么一回事。这些机能需求是必要的，还是相对的？是人类的文明，还是无明呢？

身体自觉能量运动

一九九七年夏天，人生禅在中部谷关举办了年度的夏季禅训，褪去昔日的装扮与颜彩，一身轻装，一只背包，一双凉鞋，颇有出家人上山修行的云淡风轻，山中蝉鸣鸟叫，山峦历历如新，橘香遍野扑鼻而来。

谁料，入坐才半个时辰，身心有如万蚁钻洞，苦不堪言。课后，陈老师对“能量运动”稍做说明：能量运动即是东方所谓的拙火瑜珈，这是一个透过身体的自觉，让本来存在于体内的那股能量，自由运行，无关乎思想、意志，让这股能量纯然释放，与宇宙间的大能相互辉映流动，那时无你无我也无他了。“空性就是大能，放下一切方法……”“让身体自己做主，让身体‘活’过来，允许它呈现它自己……”他对着我说：“游！不要用脑袋去控制身体，去操纵生活，别怕，让能量下放到身体。你的脑和身体是分开的，知道吗？”

这个身体的自觉竟然引发了我内在的拙火经验，有一段时间我常感到身体极度不适，身心也特别的敏感，受不了任何影响。这是后话。当陈老师说到："身体无罪！"我心中浮现了过去我是如何运用我的身体，思想又如何控制着它，要求它符合我心目中女人的形象，谈吐得宜，遵守各种社会的礼仪。当思想设定了框框以后，身体也就变得僵硬紧张。当下我狠狠地痛哭了一场，久久不能自已，整个身心像要爆裂开来似的，"身体"发誓再也不受思想所奴役了。人应该活出完整的自己，生命是自由是解脱的，不是吗？一如空间设计，过去几年来，我一直透过技术或规划来达到设计上的美感与要求，瞬时，一切的执著与坚持顿然瓦解。于是乎，那年我提前搬离了租约尚未到期的衡阳路工作室，为蒂宅另寻一处可以呼吸的新家。为什么不？想想我的身体都能呼吸了！空间当然也要深呼吸，不是吗？

人所生活的空间"应该是"自然、纯静，与大地的运行相生相息，如果我们常想运用自身的局限，去对抗宇宙的浩瀚，终究自取苦迫，人的出生死亡，犹如莲花开落，不都是很美的吗？丑陋的是我们透过科技、医术一直想让这朵花永不凋零。其实自己的身体也是一个空间，不是吗？看到这个小小空间的自由解放，看到正在进行的设计手稿，心中泉涌着无限的创造乐趣。毕竟设计的本质"应该是"一种创造，一种美好对我深心的召唤。诚如克氏所说的，这样的美是人类心中渴望纯朴，而放弃自我这个中心而产生的领悟。这在我日后的设计生命中的确产生了很大的影响。

初尝冥思的美滋味

一九九九年的二月，才过完农历新年，几个设计案便接踵而来，或许蒂宅该注入新的生力军了，心中也渴望这群年轻生命的到来。

三楼的先验讲堂，一如往昔，人来人往。课程依然围绕着人类长久以来的问题：思想、恐惧、自由与爱等进行讨论。

在一次课上，我问："如果一切都这样浑然天成，佛家讲什么真空妙有，那么人活着的意义是什么呢？难道就是吃喝拉撒睡吗？反正遇到问题去面对就是了？"我所以这样问，是有一阵子感到拙火硬要通过某个轮脉，内在充满着反抗威权冲决网罗的嗜欲。三天两头，也常常问自己设计的意义又是什么呢？如果人活着就像某仁波切所说"处理梦中的家务事"而已，那么存在有何价值呢？

陈老师看进我眼里，说："我必须为你的存在负责吗？我必须为你的愤怒负责吗？必须有个神，造物主，说一切为我所造也为我所爱吗？你想用'思想'用'发问'取得大安心、大肯定吗？没有这等好事！去看着你的脑袋、你的愤怒，权威不在外面，恐惧不在外面，爱也不在外面。我不为一切人负责，我只为我自己负责；我不会要求任何人、任何神、任何组织、任何制度为我负责的！究竟而言，每个人也必须意识到这一点。"

那时身体不断地抽搐抽搐，只希望自己不要再问了，不要再有那么多的要求，不要再谈什么本质，什么存在的意义了！身心内外，我看不到真理的曙光，只见思想惊涛骇浪席卷而来，一忽儿又仿佛绵绵密密的虫语，老天啊让它就此中断吧！但到底该怎么做呢？身体越抖越厉害……"呀——"一声三分钟贯耳的巨响，划破了寂静的夜空，刹那间头脑停止了骚动，一时念头无法再起，也没有那么多话可说了……这声巨响让我的胃足足绞痛了一个多礼拜，但换来了一段长时间的彻底宁静，午后漫步在光复南路上的巷弄间找吃的，一切竟如此的清新可爱，我好奇地看了看这个闪闪发光的世界，仿佛初生的婴儿，多奇妙，多美好啊！一切都那么的不一样了。

克氏说，因此，美在于没有自我之时，这需要极力的冥思，极力的探索，极力的纪律。“纪律”(discipline)意指从师学习的门徒——而不是守什么戒律，模仿，适应。学习本身就有它很重要的纪律。内在的简朴需要纪律。

没有恐惧你就自由

一九九九年六月，当我穿越光复南路与信义路交叉口的人行道时，我问陈老师：“万一这一念不起的寂静消失了，我怎么办？”他说：“对你而言，这是一次被逼而来的‘率性的奇迹’，一时的念头顿断，所以你会希望，其实也是一种欲望，一直待在寂静的水晶天地里面。如果我是你，我会继续做能量运动；你是不是很忙，一阵子没做了；继续探究思想、思考是什么东西？如果时间和思想是恐惧的根源——事实上就是——那么思考是什么东西？你别忘了老克说他问这个问题已经问了六十年。他说如果可以弄清楚思想的起源，思想的起初，思想为什么会在生活当中变得这么重要的话，这样的探索也许就会产生一种突变。”

他这一讲完，让我想起我曾为了设计流浪在欧洲几个国家，意大利米兰，奥地利维也纳，捷克布拉格，看到那些神奇巍峨的大教堂，宏伟独坐的古城堡，那种结构，那种美，那种建筑都是思想组合而成的。克氏也说过类似的话：“所有的宗教及其一切排场，那些中古的僧袍，都是思想组合而成的，所有的仪式都是思想构造、安排的。我们的人我关系，男人与女人的关系都建立在思想之上。你开车，根据的也是思想。‘认知’也是思想。所以我们必须探索思考是什么东西。”

“当然，我的立场跟老克一样，他说不要等我回答，自己看，自己观察。当然，如果不是以上的状况，而是另一种，我很愿意回答‘山高则高，水低则低’。这多棒啊！是不是？”绿灯一亮，陈老师随即往前，我愣了一下。

淡水的寒冬不仅阴雨还有海洋的骚味，害得我直要在湘云纱里加入一件衣裳，终归没这么做，只是手拉了拉，喜好一种古早岁月的触感。

克氏说：“他不是权威，也不是上师。我们可以一起观察这个事实，一起观察思想和时间是恐惧的根源。思想和时间是同一种东西，不是有所分别的两种运动……在自己身上观察，不要偏离事实，不要偏离‘恐惧是由时间与思想引起’的事实。掌握这个事实，与这个事实同在，不要逃避。确实如此。这样，你就像手中握有宝贵的钻石一样，看到这颗宝石的美。这样，你就会看到心理上恐惧完全止息。没有恐惧，你就自由。有了那全然的自由，你就不会再有那些神，那些祭典，你就成了自由的人。”

你就成了自由的人……窗外白鹭再度飞起，我透过望远镜看它飞在观音朦胧的唇齿上，一眉弦月吐露芬芳，轻轻。而我的手握着恐惧那神奇珍贵的钻石，紧紧。

山高则高，水低则低。好辞。是为序。

（作者为著名室内设计师，蒂宅空间设计有限公司负责人）

克里希那穆提与奥修

李孟浩

超个人心理学VS修行进路

最近，我观察到台湾把奥修教诲和工作坊或潜能激发结合在一起的倾向，已经越来越明显了。可是，克氏的教诲却没有扩展和生根的迹象。这是怎么一回事呢？当我心里正在推敲其中意涵的时候，先验出版社的老板陈建宇先跟我说明他请阿德翻译克氏《全然的自由》一书的用意，然后再请我写一篇谈论克氏和奥修两人教诲的文章。我就答应了。因为，我和胡（因梦）姐都觉得台湾现在应该引进超个人心理学家威尔伯的理论架构，才能对各种究竟真理的进路，做出妥当和周全的评估。我也觉得唯有以威尔伯的架构，才能有助于我们全盘掌握和评估奥修和克氏两人的教诲。不过，我在此没有力量搬出威尔伯的理论架构，只想先从奥修对克氏的两点评论，来厘清两人观点的同异之处。

拒绝一切权威VS臣服

奥修曾经在《道之门》一书中指出克氏之所以倡导“拒绝一切权威”，是因为他在最后一刻拒绝“臣服”。这不但使得通神论运动所仰望的弥赛亚意识无法降临人间，也令克氏在往后四十年中只会强调“用自己的光来照亮自己”。奥修接着就宣称自己已经完全臣服，并成为奥秘集团的总代表，拥有一把宇宙性的钥匙，可以创造出全新的世界性门徒团体。

可是，克氏之所以拒绝当世界导师的原因，乃是因为他清楚意识到“真理是无路可循的国度”的根本事实。因此，他不但反对宗教组织的权威手段和救赎券，也反对神秘主义的冥思技巧和指导灵。这种彻底要求自力救赎的心态，其实跟原始佛教的佛陀本怀几乎完全相同。想当初，整个印度的修行法门为了与形而上的梵我冥合，便沉溺在各种定境的意识扩张经验，并以轻忽的态度整个跳脱身心意识流的运作过程。那时候，只有释尊强调修行人应该利用意识流每一刹那的苦受经验，来开发心意的正念力量，才能揭露内心最底层的业行困扰，并摧毁所有相关联的执著和期望。而现在，克氏则说唯有斩断意识流中所有已知的思想和记忆，才能以全然的自由去体验生命每一刹那的鲜嫩美感，而不会产生任何的念头阻碍。

如果，解脱不是完全靠自己观照能力的开发，而是有神秘解救方式可以运作的空间。那么，大多数人肯定是宁愿选择臣服上师，而不愿去自力观照。这就等于是给予很多新兴教团一个建造上师王国的机会。也因此，现代人的修行智慧或许便是要在上师和门徒的参访经历中，把依赖权威的习性一一拔除，并开发出自力观照的最大运作空间吧！

无拣择的觉察VS动态静心

奥修在《静心冥想》一书中也指出克氏只会讲无拣择的观照心法，却从来都不考虑听众的负面混乱状态，因此他不能帮助别人成道，也无法了解别人为何老是只欣赏他的逻辑，却不能像他一样马上进入观照的行动。于是，奥修便主张用动态静心的技巧，来帮助门徒宣泄所有压抑的情绪，使门徒达到变成空性的临界点，才有机会让门徒安住在无为的观照状态。

可是，克氏并不是没考虑到听众的负面混乱状态，而是他只愿意用质疑自我的对话方式，来处理听众的失序状态。也就是说，克氏并不认同情绪能量的宣泄和洗涤这种做法，更不认为这种刻意引发的静心状态能够让生命自由地流动。他完全自得于一种时间感解消之后的诗意兴发或绿意新嫩的生命美感。而奥修则乐于扰动门徒的身心能量，使他们达到狂醉的出神状态。

如果，情绪能量的宣泄和洗涤是体会观照心法的最佳预备状态，那么灵修导师和心理剧治疗师的合作便能帮现代人从海底轮经心轮直接到达顶轮了。不过，我们最好别忘了顶轮和心轮的微妙互动，可能要经由克氏的教诲来掌握，才比较不会把刻意流动的快感合理化成空乐双运的境界。

（作者为译作家）

中文序版·读者序

一个佛教徒与克里希那穆提的邂逅

张卫文

大概在七八年前，我偶尔得到了老克“真理是无路可循的国度”这篇文章的中译，当时克的著作尚未引进台湾地区。一看之下，我被他这篇宣言中的观点所吸引。心想这个人好大的口气，竟然宣称他是自由的，已经了悟了真理，但却不要人们追随他，他拒绝一切组织、教条，也希望有兴趣了解他的教诲的人致力于打破追随权威的心态，而以自为明光：水远要质疑——包括克自己所说的。他关注的是人全然的自由，而不是使人内心腐化僵硬的教条和组织。而且宣称真理是无路可循的，无法通过任何的方法、观念、教条、上师到达，唯有一开始就洞悉这种“变成”的错谬，远离这种颠倒，自由、解脱才有可能。

这个说法给我一种既害怕又熟悉的感觉，害怕的是我一旦如他所说的拒绝所有对经验的依赖，我将无所依靠，没有方向、茫然无依，失去了所有安全的藩篱；熟悉的是他的说法与佛陀的十二支缘起无二无别。这给了我一种奇异的感觉，一方面吸引着我对自己说“这是真理的声音”，另一方面则是抗拒，因为如果照着老克的教诲，那自我就没法存在了。我是多么依赖自我呀！没有它我怎能活得下去？于是乎就半逃避地不去正视这个问题。

后来胡因梦小姐引进一系列克氏的著作，我忍不住买来看，第一本看的是《从已知中解脱》，这时老克清晰的洞见穿透了我，我深深地感到震撼，不得不承认这个人的确是当代的智者。他不仅是传达他的教诲，在对谈记录中，他的态度和表现就如他所说的那样，从不做结论，不依赖经验，也不怕自己不知道，就是单纯地对未知开放，仿佛他上一秒钟的洞见不存在一般。在他的对谈当中没有“我已经懂得真理，让我来告诉你”这种心态。有一个人曾经问他：“你怎么知道你的教诲就是真相，就是真理？”老克却回答说：“我也不知道，让我们来讨论看看。”这是多么开放的态度！他从未以真理的代言人自居，也从未“教导”真理。就我所接触到的大师当中，很少人有这种态度：不教导、不权威、对未知开放，却又真知灼见、洞察真相。光是这一点就让我对他由衷地敬佩。

我们往往稍有一点体会就会落于自满，有所突破就以为从此免于无知的窠臼，或者从此掌握了奥秘的钥匙。这种一悟永悟的想象，不知绊倒了多少在灵性上的追寻者。因为任何的结论和“我掌握了”的感受都会让我们自满而无法开放，令我们僵化和腐败。克说：“一有了结论，就停止觉察。”诚斯言也。佛法不也说：“于一切境，莫作圣解，若作圣解，即受群邪。”真是若合符节。

而我们以为正在努力地修行，慢慢改变自己，达成理想状态的想法，只会制造自己的分裂和冲突，殊不知苦难由此而出。克的一句话使我心惊肉跳：“你是想要脱出牢笼，还是只想修改修改它，让它能够更舒适而已？”是呀！我们的改变并不是要了结痛苦，只是想要让自己变得更舒适而已。并不是真心要解脱。一旦我们以为可以经由某种方法达到什么，我们就在否定现在的自己，想象经由修行在未来变成伟大的人物，就把自己分成了两半，还要其中的一半变成另一半。这其中的分裂、矛盾、冲突是如此的多，而且还要承受无法达成的痛苦和自责，这简直是活生生的地狱！

但若拿着老克一句“想要改变就陷入分裂”，为自己的僵化、无法流动、抗拒改变找理由、找借口，那么实在辜负了老克一片苦口婆心了。诚然，一陷入想要变成的渴望就是痛苦的开始，然而不就是不改变就对了。当下接受原本的自己，不是要说“我的行为是合理的”，而是不含成见地去看现在发生了什么。深深地为每一个行为负起责任来。一旦看穿了这些，生命就会流动而充满创造力。

另外有人批评老克反对思想，追求无思无想的境界，不符合解脱之道。老克却说：“刻意的止念不是静心，心智的空白也不是！”克所批判的是我们对于思想的认同，而不是思想本身。如果以为空心无所思就是解脱，那石头早已成佛。觉察不是把自己变成死人，对一切事物不起反应，如果是这样，那只是孤立自己的行为，更会是滋长自我、自以为是的封闭。

身为一个佛教徒，我对佛陀的感情十分深厚，我深爱佛陀，但是他已经涅槃千年。而在当代能有一位如此真知灼见的智者，指出无始以来人类心智的陈腐和僵化，并且身体力行，解散了为他成立的世界明星社，让自己暴露在完全的未知当中。这种非凡的勇气、清澈的洞见，让我看到了与当时悉达多王子为了解脱，抛弃王位无二无别的决心。

是的，解脱不需要观念，也不需要方法，需要绝大的勇气，不再延续旧有的自我，如此当下就能蜕变。想当初佛陀不也是如此吗？在遍尝一切方法，发现一切方法皆不是解脱之道，毅然决然地舍弃以往的东西，证悟了本具的真理。所以解脱不是“变成”的活动，是截然不同于自我运作的惯性，亦不属于思想概念的行为，燃烧觉知的火焰洞悉这一切，不做结论，不依赖经验，纯然的观察，真理就不会只是天边的一颗星星了。

（作者为台湾协和工商信息科教师）

朋友，你在渴望什么？

一位台湾教育工作者对克氏教诲的感言

陈淑娟

诚如，克里希那穆提所说的："到世界各地走一走，你就会发现，不论印度还是美洲，欧洲还是澳洲，人性竟是那么相像。大学尤其如此，我们好像是从一个模子里印出来的一样，都是一个样子，都想追求平安，当大人物，过快乐的生活而不用动脑筋。"不是吗？

是什么让我们有所渴望与追求的？我们渴望什么？渴望是怎么来的？追求什么？追求又是怎么来的？我们为什么会有这些想法呢？这些问题与其说是在问你，倒不如说是在问我自己，问每一个目前活着的人吧？哪一个人不是从小就被期许要成为一个好孩子，长大要成为有用的人，要过着幸福美满的生活？似乎听话、服从、牺牲、奉献就可以让我们活在安全的堡垒中。似乎透过达成别人的期许，那些或许是来自父母、师长、老板、丈夫妻子、兄弟姐妹、子女或朋友等人有形无形的要求，我们对其有所交代后，就可以活得平顺而没有麻烦了，是吗？事实上，经过长期有形无形的教育与生活过程，活到目前为止，我们真的可以不去理会每个人的生命是无法被替代经历的事实吗？除了自己，除了对当下的觉察外，我们要如何对生命此刻是活着的事实有所交代呢？

小时候，我跟家人住在一栋三层楼的透天厝，顶楼阳台的斜坡常是我躺着看天空的地方，那个时候，看着云以天空为底，不停地在变化着。每一天、每一刻的颜色、形状都是不一样的，对我而言，天空与云的飞舞是鲜活存在的，看着它们，没有任何念头。

接受教育之后，准备考试与追求好成绩遂成为生活的重心，而如何成为一个好学生和好孩子的念头也逐渐变成行为的准则，而“效法成功人物的勤奋精神，以促使自己成为一个有用的人”一直是我接触克氏教诲之前的唯一想法。而在大学及研究所接受社会工作专业教育的训练过程，让自己在思索有关人类共同问题，如暴力、犯罪、色情、贫穷、疾病、死亡等问题的同时，对于人类社会问题层出不穷与无法杜绝的事实感到迷惑与无力，也开始意识到人是什么？人活着的目的是为什么？所谓有用的人是什么意思？所谓成功又是怎么定义？

一九九〇年投入教育行政工作并开始在大专院校兼课，如何成为一个好部属、一位好老师很自然又成为我预定达成的目标。在努力工作的过程中，别人的肯定让我更加卖力，我却发现生命逐渐脱离正轨，因为，身体在上班工作时间内，它可以是坚强不屈的，但一到假日，它就瘫了。一个小感冒可以拖上数个月，甚至半年以上，从身体的状况，我注意到所谓意志力的支撑与压力存在的事实，但是这些身体的警讯，在追求他人认同的过程中，并没有让我因此停下来去检视自己是怎么活着的。

一九九四年，在因缘际会下，我接触到人生禅，一个直心素面、互为师友，由一群对真理、对生命有兴趣的朋友所组成的工作坊。在这里，借由对话与直指人心的撞击，我看到理性思考模式所带来的二元对立的桎梏，进而开始省思社会环境与教育制度对个人行为及思维模式的影响。一九九五年，师友吴文杰送我一本胡因梦翻译，克里希那穆提原著，方智出版的《人类的当务之急》一书，并抄录陈建宇老师对人生禅学员探究真理的提醒:除了当下，什么都别指望，除了清醒，什么都别当真。而这样的提醒，竟与克氏教诲不谋而合，也与新时代思想所提倡“活在当下”的看法一致。

从接触克氏的作品开始，自己对“觉察”、“当下”有了另一种的认识，透过克氏与人对话的过程，看到提问与回答互动的思维与切入的角度，问答的话前、话尾与谈话当下竟是鲜活的立体呈现。所谓的“觉察”与“当下”不再只是个抽象的概念，而是可以观察体会的。从克氏的言谈中，常能撞见其强而有力、紧密无懈可击的真知灼见，那种智慧的光芒，不是来自经验或知识的累积，而是直接穿透表面的遮蔽，探究源头本体，其解析问题一针见血，深入而周遍，不是利用一套方法去解答问题，而是在不同的每个情境当下，深入核心，去谈论普遍存在的真理。从他的教义中，我们不难理解：为什么他拒绝成为人类的心灵导师，而坚决倡言世上没有外显存在的导师,每个人的内心才是自己的导师。诚如他对教育所给予的看法：

> 教育的功能是创造完整的人，人因为完整而有智慧。人可以拥有学位,做事像机器一样有效率,可是却没有智慧。智慧不是资讯，不是由书本衍生而来，也不是由防卫性的反应与侵略性的主张构成。一个没有读过书的人，也许比有学问的人更有智慧。我们一直把考试把学位当做智慧的标准，培养狡猾的脑筋，却逃避人类重大的问题。智慧是知觉根本事物的能力，知觉当下即是的能力。唤醒这种能力——不论是在自己的身上或别人身上——才叫教育。

我们所生活的世界里，存在着许多共同的问题，举凡生活、自由、恐惧、冲突、逃避到悲伤的止息、生存的意义乃至死亡的真相等课题，都是每个人必须去面对而无法遁离的。当我们在阅读克氏的思想时，与其说我们在看他与别人对话，倒不如说，他正在与我们谈论着我们自身的问题。因为我们无法否认自己就是世界的一分子，而世界就是我们每个人的这个事实。

台湾社会长期处在升学主义与文凭挂帅的观念里，教育的目的似乎不是去启蒙个人认识自己的能力，也不是唤醒个人去知觉当下即是的道理，相反地，是去教导个人追求考试分数的高标、进入一流大学、寻求富裕舒适的生活与拥有高尚的声望。对许多教育工作者来说，所面临的不只是担心学生能否通过层层考试所带来的竞争及调适问题，更严重的是，个人教育良知的挣扎，如果教育只是教给学生一些谋生的技术，而不引导他们去省思自己活着时身心灵的种种问题，如果只是一味地教导他们向外比较、向外求胜，而不回归内心去认识自己，那犹如把一块黑布蒙在一只狗的眼睛上，然后，在鼻前吊着一块香味四溢的肉，让它在形式上是为得到那块肉（代表一种物质的目标）而盲与忙地团团转，却无法在打转的过程中，有辨识自己要不要这块肉的能力（代表一种自我觉知的能力），进而能自主性地决定往哪里转，在哪里打住。如果我们能唤醒学生知觉根本事物的能力，那么，至此，那追逐与打转不再是被动与可操弄了，相反地，可以将肉的引诱视为有意思的玩耍目标，可以决定要不要玩及如何玩，那么不是在形式上得到那块肉，而是在那过程中乐在其中，享受每个当下。

当然，你我都是在同一个社会与教育模子（制度）下被翻印出来的人，也许是不同的工作者，或是家长，或是学生，但我们却有着共同一套的教育规范与信条。经过多年来的运作，从最近接二连三的教育改革运动，我相信这该是身为教育工作相关人员，包括教育制度决策者、教育工作执行者、教育受教者与监督者（如家长、社会人士）等人必须回归内心，重新省思教育相关课题的时候了。目前，从大专院校到国中小学，生命课程的设计与实施逐渐受到重视：心灵改革运动与心灵重建工程已被提出来。

到底教育的目的、生活的意义、人生的问题，甚至自己与世界的关系等要如何探究？借由什么过程，我们可以唤醒自身知觉当下即是的能力，超越有形与无形的（如物质与精神的）桎梏，进而自主地决定如何行动而不被操弄？在克里希那穆提这本《全然的自由》里，我们可以经由他早期的著作、日常生活的领会、人生的问题与你就是世界等四部，迅即进入智慧的河流，观察当代的智者如何透过问题的表象潜浮于真相的探究，穿过有形无形的社会机制、意识流，直捣源头，见到当下的光明。

这些年来，有机会接触克氏的教诲，并在人生禅师友的互动下，对真理与生命的探究有了起步，也体悟到“真理是无路可循的国度”，透过觉察与自我的探索，我们去了解生命的课题，对自己有了认识，也才能对自己有所交代。对自己的生命有所交代时，也就意味着我们对自己、对别人、对人类全体的一种交代，换言之，生命得以它原本面目鲜活如实地呈现。一切向外追求的渴望看到了它自己时，生命就在当下获得全然的解脱，而不在盲与忙的打转中迷失自己。在此，诚挚地将这位洞见真理，全然自由的智者介绍给有心人士，尤其推荐这本目前所见最为完整的克氏教诲——《全然的自由》一书，以作为唤醒个人知觉根本事物的能力，全然投入认识自己的教育行列，那样一股永恒存在的爱与慈悲，真心地献给你，献给天下所有的教育工作者。

（作者为台湾弘光技术学院教师）

自我了解·自我实现·自我超越
介绍克里希那穆提的教育理念

冯朝霖

自我实现　文明危机

教育工作本质上就含有一种理想，就是要创造一个和谐与美好的世界！一个和谐而美好的世界首先必须是社会的成员个体是和谐与健康的。问题是在现代的文明、现代的教育制度中，往往人们所行所为与教育本质上蕴含的那种理想背道而驰！最重要的原因之一就是在我们现代人的一个生活哲学口号："自我实现"(self-realization)，隐含着许多吊诡与冲突的根源！在资本主义与商业文明的社会中，"自我实现"往往是许多贪欲、虚荣、残暴……人性弱点的合理化的面具！一味鼓励"自我实现"其实就是放纵"自我意识"的无限膨胀与扩张！而自我意识盲目的膨胀却正是个人生命与人类社会混乱与脱序的根本病因！

我们社会与文化中这种病态清楚地反映在各阶段的教育制度里，从幼儿园、小学到大学、研究所，我们用考试、分数、成绩、比赛来鼓励每一个人与别人在各方面做竞争、做比较。一个人从小就得在各种竞争中去证明自己比别人优秀,比别人“强”！大部分人的“自我意象”(self-image)因此是在种种竞争、比较中建立起来的结果，强的人因此养成了优越感，习惯了踩在别人头上去“自我实现”！弱的人就在种种的挫败与打击中产生自卑感，因而难以建立健康的“自我认同”(self-identification)。在这样一种处处鼓励竞争与比较的教育文化中怎样培养出健康的人的“自我意象”？而今天社会现实生活中的巧取豪夺、争名逐利、种种脱序与犯罪，其实都是在延续教育中的那种有问题的“游戏规则”而已！在这样一个充满残缺、扭曲的自我意象的社会中，又如何期望它和谐与美好呢?

不可否认的,“自我实现”与“自我解放”是现代文明、现代教育基本的指导原则，但是现代文明的种种混乱、种种危机其实追根究底也是出自于此！坊间流行一个名词“自我的追寻”，到底人在追寻什么呢？岂不就是自我实现吗?实现各式各样的梦想，不论其为真实或虚妄！

而克里希那穆提在他一生的教化中所一再反复点醒世人的，其实也就是这个问题！按照他的说法，倘若现代文明要起死回生，真正走向和谐而美好的方向,那么文化与教育就首先得改变其所谓“自我实现”的基调,而以“自我认识”或“自我了解”取代之！为什么呢?

克里希那穆提指出，所谓的“实现”意指从一种状态到另一种状态，两种状态之间是一个充满张力的过程，也往往是充满冲突的，因为“实现”意含着对一个尚不存在的“理想”的渴求！而所谓的“理想”往往是种种传统文化与社会流行价值系统中的“虚妄的美好”！这些“虚妄的美好”诱使个人、压迫个人去忽视甚至否定活生生的生命“当下的存在”！

所有的宗教信仰或社会意识形态都鼓励人们先“变成”什么，或“达到”什么！而在这“本来的面目”和“应有的面目”之间就存在着冲突与困扰！不论人追求权势、地位、名望或其他任何形式的成就，只要有一丝这样的动机，人就要利用各种途径更努力地去“自我实现”！而绝少有人能深刻地去反省这些“美好的追寻”真相到底是什么？

克里希那穆提说：“不论在性行为、帮助他人、成为伟大的圣人、科学家或政治家的追寻之中，我真正想要的就是一种满足。它们都是相同的历程，不是吗？当我们声称自己在追求自由时，主要是因为我们认为自由能使我们得到各种美好的满足感。而最终的满足，应该算是所谓的自我实现这种怪异的论调了！”

他说人生第一课因而必须是“不再追寻”！一个人是否能够在世界上却不渴求权力，不求影响或剥削他人，不求自我的权力，也不求团体、国家、领导者或是其他任何形式的权力？因为所有这类形式的权力都带有破坏性，因为所有这些渴求都意指人们想贯彻自我意志，想实现自我！对地位、权势的追求，希望在某方面被社会视为卓越或优秀的心理，都不过是一种驾驭他人、支配别人的欲望！只要在我人内在留有一丝支配别人、影响他人的念头，那么我们一切所谓善行、所谓爱，可能就不单纯，即使心存利他的动机，其实追根究底，恐怕也都是那“自我”的念头在作祟！

就像《金刚经》上所言：一切有为法，如梦幻泡影！所有一切掺杂自我意志去进行、去完成的行为都是导致世界更混乱、更不美好的原因！这种性质的“自我追寻”、“自我实现”相对于真理而言，其实都是虚妄的！

所有向外寻求、渴望实现或满足的根本原因就是因为人“完全不认识自己”，没有“自知之明”。从古希腊哲人苏格拉底开始就有名言：认识自我是一切智慧的开始。克里希那穆提认为，我们总是怪这个世界为何这么混乱、荒谬！其实这个世界就是我们每个人人性的反映！如果你不了解自我，也就当然不会了解我们这个世界的种种面貌与真相！

由于欲望的本身就是某一种形式的侵略性，所以自我实现也往往意味着一种侵略性的变相。而造成侵略性的原因则是起于人性内在的缺乏安全感及恐惧。克里希那穆提认为恐惧是生活中的最大问题，因为陷入恐惧的心，通常是困惑而矛盾的，并且会变得充满攻击性和凶暴，但又由于它没有勇气挣脱旧有的思想模式，于是就变得极为虚伪。人类并且善于发展出许多逃避自我的网络，而当大脑的心智一味地企图克服恐惧，而用压抑、锻炼、控制种种方法时，就引发更多的磨擦及挣扎，耗散更多的生命力。我们人类在百万年的历史里，一直都在贪婪、嫉妒、仇恨、焦虑和绝望中打转，偶尔迸发出一点欢乐和深情。我们是仇恨、恐惧及温柔的奇异混种，我们同时秉具残暴及和平的特质。外在的社会结构，就是人类关系的心理结构的成果，而个人乃是整个人类的经验、知识和行为的成果。每一个人都是过去历史的库存，个人就是整体人类。人类的历史就写在我们每个人身上。

每天我们都可能看到或经历到一些令人失望甚至恐惧的社会事件，而你也许会说："我能做什么呢？""我哪有能力影响整个世界？"其实，这个世界会变成今天这副模样，完全是我们所有的自我中心的行为、偏见、贪欲和仇恨造成的。当我们说自己无能为力时，就表示我们对自己内心的秩序也一样无奈。其实如果能在日常生活当中停止暴力，不与人计较、争胜，不制造任何争端地平静度日，一个小火苗，就能造成熊熊烈火。因为任何有意义的运动或影响深远的行动，都必须从我们每个人开始。

问题是，我们要从何处开始认识自我？事实上，生活完全是由关系构成的，人只能在这关系的网络中观察自我。人无法独自生存，人只能活在与外在的人、事及概念思考的关系之中，因此“观察我与外在人事及内心种种的关系，我才能开始认识自己。我们认清自己与外在世界的关系的本质与结构，这种洞悉力就是行动！”克里希那穆提认为有了这种洞悉力，身为人类一员的我就能为这个世界带来另一种品质，这种品质是一种真正纯粹的宗教情怀，真正的“道心”！禅宗说的“明心见性”也有相同的意含！

了解自我　智慧开端

认识自我、了解自我是智慧的开端，因此也应该是教育的意义，唯有透过真实的、如实的自我认识，人性才能得到真正的自由、真正的快乐自在，才能在纯粹美感中去爱，去真实地生活！以下我们再分几点细细分析认识自我、了解自我和教育的种种关联！

一、首先，自我认识意指放下一切规范与权威。

前面提过，人生活在各种关系之中，我们必须在关系的镜子里，才能确实地看到自己。了解自我不是要根据某一种理论或理想来检讨自己或分析自己！事实上刚好与此相反！我们内心的许多冲突和不统一，乃是因为我们心中存在太多权威及规范的牵制！我们一直都希望活成别人希望的模式！我们一直都是 second-hand man（二手人）！一个真正的革新者，是一个能摆脱所有的诱导和观念，并且不被社会的集体意识所缠缚的人！

对于人的意识和生命真相的问题，我们大部分的人都希望得到一个答案，我们希望有人能告诉我们这一切是为了什么？但只要我们想要跟随别人，遵从一种权威或模范，那我们其实就越陷越深！这世界上并不是没有伟人，但如果有模仿伟人的冲动，想变得像他们一样，这就是人心腐化的原因之一，因为你的心落入一种模式之中！

要想成为伟人，或是寻求任何一种“被肯定、被尊敬”的内在动机都是因为人不了解自我，并且因为人啊总是想要满足安全感，我们希望根据某种习惯或模式去达成任何的心理目标，这表示我们一直要依赖外在的权威来解决生命根本的问题，摆脱任何权威或模式的束缚，就像民初谭嗣同说的一句话“冲决网罗”，让我们心念保持清新、年轻与天真，如此它才能够显现本来的面目！

我们每个人的心其实是无数的习惯与机械化模式的累积，是人类文明的集体产物与投射！习惯和机械化造成麻木不仁，造成腐化堕落，造成各种矛盾与疏离。自我了解首先就是要去洞察这个真理，停止让我们的心再去累积、模仿。不累积的心就是随时随地从旧有的习性中警觉出来而产生的，这种心才不会死，才有无穷活泼的空间。道家说“为道日损”就是此意！

二、自我了解也是指去洞察我们内心的依赖！

如果我们有所依赖、有所攀附，我们就不可能是自由的！自由并不单单指去做我们喜欢做的事，或是从外在的约束中挣脱出来，更重要的是洞察内在的依赖。我们都知道在实际生活中我们多少都必须依赖别人，或者说人的社会生活是互相依赖的。譬如依赖邮差送信、依赖医生为我们保持健康……这种依赖是很容易明白的。但是内在的、心理上的依赖则必须靠内在的观照才能觉察。那就是：我们总是依赖别人给我们快乐。老子说过一句话：宠辱不惊！只有宠辱不惊的人才没有内在的依赖，才能自在。我们依赖别人给我们赞美、肯定，我们依赖别人来爱我们。

如果我们不能解决内在的依赖，没有自由，那么我们也就不能真的去爱。因为自由与爱是并存的。自由使人能爱，爱能使人自由。爱不是一种反应！如果我爱你是因为你爱我，这只是交易，它是在市场上被买卖的东西，它不是爱，爱是不要求回报的，甚至不感觉你给予了什么，只有这种爱才能使你了解自由。

很多人喜欢做善事，说是爱心。但如果执著他对别人的好处，那其实不仅不是爱，只是一种自我中心的伪装。所以佛法说真正的布施（施舍）必须三轮体空：要忘记给的人、被给的人、给了什么！如果不能这样，那布施不仅没功德，反而会加深一种自我的执著。

种一棵树并且关爱它，看着一条河水流动，欣赏大地的丰美，观察飞鸟的美妙翱翔，有一颗敏感的心，对生命的伟大律动开放胸怀——这一切都需要自由，你能有爱才能自由。没有爱就没有自由；没有爱，自由只是没有价值的概念。所以只有洞察并且能消除内心依赖的人，才明白爱是什么，才能得到自由。只有这样的人才能带来一个新的文明，不同的世界。

三、了解自我、自我了解意指去洞察真正的内在美与内在的统一！

了解自我就必须面对具体而完整的自我，这个真正的具体的自我指每一个“当下”中的一切感受与心念！包括喜怒哀乐的一切动静，这些感受与心念也许是相当混乱、冲突的，而一般人总是寻求一切可能要去避免或逃避内在的冲突，以寻求暂时的安宁。但是逃避的方式永远不能获得内在的统一，只有如实地观照我们内在的冲突以及对冲突的了解，才能得到统一。内在的统一是最难达到的，因为它代表整个人完全统合，包括你所有的言行举止及思想。如果我们不去观察自己内在的一切心念、感受的过程变化，就不可能有统一的可能。

在我们全神贯注地观照内在心念的生灭过程时，必须不带着任何评价与判断、不喜不爱，同时也不带任何一点好恶！让我们心灵内在的一切心智活动完全自主地呈现，最后让被观察的对象与观察本身成为一体，没有分别。克里希那穆提认为只有当我们随时随地充分地活着，非常机敏、警醒、充满观照力，对周遭的一切都有兴趣时，我们才能发现什么是真正的快乐。

一个具有宗教情怀的人是对万事万物都敏感的！因为一颗敏感的心就是一颗开放的心，没有执著与追求，这样一颗心才能真正去爱，才能真正感受世间的美好！因为一颗能爱的心本身就是美的源头。美就是从这种内心的善意发出的，当一个人内心有善意时，丑陋的脸孔也变得美了，因为内在的善意实际上就是一种深刻的宗教情怀。诗人纪伯伦曾经写过：Beauty is not the face,Beauty is the light of heart!

正确的教育其目的之一就是在帮助人弄清楚内在的美究竟是什么？没有了它，外在的形式和活动的意义就变小了。当你对人类和世上万物都有真爱时，才有内心的美。在这份真爱中，才会产生极大的关怀、机警和耐心。

四、只有真正的自我了解才能使人自我超越，超越各种恐惧、假象与虚妄！

了解一个人的心念如何运作，是教育的基本目的。如果我们不明白我们的心念如何兴起、如何变化，如果我们对自己的内在心念历程不能觉察，那人就永远也不会弄清楚社会是什么！我们即使有各种各样的行动或改革社会的意图，但那结果可能只是像一个犯人关心如何把牢内的情况改善，而不去想如何逃离那里。真正的教育，不在于要求人背诵或通过各种考试，而是帮助人看清心智中的牢狱！使人明白恐惧的一切来源与真相！去察觉社会生活中所制造的许多假象和虚妄的东西！

只有当人真正了解自我，摆脱虚妄的束缚时，只有当人能放下时，人才有创造力，才不再有被强迫的感觉，不再有不能成为什么的恐惧，不能获得什么的恐惧，以及不能达到目的的恐惧。然后就会产生卓然的朴素与简单的精神，它们能带来爱，这个整体也就是美，就是富有创造力的境界。

正确的教育应该是帮助人成为有生命力而又敏感的人，成为一个心无恐惧，不因为身份地位而对人产生错误尊敬的人。

只要你学会了了解真正的自我，学会放下一切，只要你学会去爱，然后你会发现你的心智变得机敏而有活力，你在所有的学习上都会表现得非常好。生活的本身就是教育的过程与学习的过程。考试是有止境的，学习是没有止境的，如果你的心是开放的、自由的、好奇的、机敏的，你就能随时随地从万事万物中学习，而学习的本身就是愉悦、快乐，因为这样的生命与心灵永远都是新鲜、活泼的！

教育乃在帮助个人成熟、自由，解放于爱和良善之中！而其过程是经由时时刻刻的自我洞察与自我了解！

（作者为德国海德堡大学教育学博士、台湾政治大学教育系副教授）

克里希那穆提——李小龙背后的力量

罗勃·考利

克里希那穆提说：“你不能透过意识形态，透过文字的帘幕，透过希望与恐惧来看事物。”李小龙把这一句话应用在武术上。他发现：“用静态的，拼凑出来的形式，用固定的动作，你不可能有生猛的表现。”如此这般，李小龙展开了武术的重大革命。从他以后，徒手搏斗就再也不一样了。

李小龙在克里希那穆提的教言里发现了截拳道的根本。记住：我们在谈李小龙的哲学以及他的哲学和武术的关系。我们不谈截拳道武打的一面。这一方面已经有很多人谈过。我们关心的是截拳道“心理的”或“精神的”一面。截拳道就是在这一面和其他的武术大异其趣。传统武术的根本在于“形”。练武的人用单一动作练习拳法。他练“形”练到这个形成为他的第二天性。但是截拳道不一样，因为——李小龙说——截拳道“没有固定的拳法”。

传统哲学，作为武术发展的助力和精神成长的道路是不够的。李小龙要的“不只这些”。克里希那穆提就在这里出现了。

哲学和武术相辅相成，可以回溯到十六世纪。那时候的人已经不再那么需要搏斗技巧。禅宗把武术从“打到死”的技巧转变成精神成长的方法。所以，练武的人不但学到了拳法，也培养了品格和丰富的心灵。

透过李小龙的话，我们可以撷取克里希那穆提的几句话——李小龙一定也这样做过——应用在武术上。当然，这并不是说李小龙的哲学完全来自克里希那穆提。他的哲学也包括了禅宗和道家，还有其他。然而，克里希那穆提显然在截拳道的开创上面扮演了重要的角色。

下面所列的句子，除非另有声明，全部引自克里希那穆提《从已知中解脱》这本书。楷体的句子引自《截拳道之道》这本书，我们可以从这些句子看出李小龙怎样把克里希那穆提的话应用在武术上。

你不能透过意识形态，透过文字的帘幕，透过希望与恐惧来看事物。

用静态的，拼凑出来的形式，用固定的动作，你不可能有生猛的表现。

我们等于这些书，等于这些观念，我们深受这些东西的制约。

我们等于这些“形”，等于这些“截”这些“击”，我们深受这些东西的制约。

只要我从什么观点，从我重视的经验，从我的知识——也就是我的背景，我的“我”——看生活，我就看得不完整……唯有思想不来干涉，我才看得完整。

你若是从拳击手的观点，从功夫、合气道、摔角、柔道等的观点观察街头的打斗，就没有办法看到完整的东西。唯有门道不来干涉，你才看得完整。

真理不是由你的快乐或痛苦决定，不是由你被制约成印度教徒或属于什么宗教来决定。

打拳不是由你被制约成功夫武士，合气道武士、柔道选手等来决定。

我们认为印度教或基督教或什么教的传统有一套行为的标准。我们希望有人告诉我们什么行为对，什么行为错，什么思想对，什么思想错。所以，依循着这样的模式，我们的行为和思考遂变得很呆板，我们对事情的反应变成了自动化。

二流的艺术家会盲目地追随先生或师傅，接受先生或师傅的模式。结果，他的行动，最重要的是，他的思考，变得非常呆板。他对事情的反应，依照固定的模式，变成全自动，使他越来越狭隘，越来越局促。

真正认真的人，真正想要弄清楚真理是什么东西，爱是什么东西的人，是完全没有概念的。他只活在当下。

真正认真的人，真正想弄清楚真理是什么东西的人，是完全没有门派的。他只活在当下。

以上这些例子并不是在做两个人的比较分析。不过我们轻易可以看出克里希那穆提对李小龙有很大的影响。他坚信克里希那穆提的教言，相信克里希那穆提的教言可以应用在武术上面。他发现，门派是很狭隘的，完全是照章行事，不用心地重复固定模式。无法给人自由或自知之明的智慧。对他而言，门派只是用来宣传的东西。

他想透过克里希那穆提的教言，借武术做完整的自我表达。从他十四岁学南拳开始，他就一直在成长，精益求精，最后终于以他的最爱成名于世。不过，他还是不满足。对于武术，他永远都有一种“创造性的不满”。他知道每一种武术，包括南拳在内，都有它的局限。但他突破了这种局限，挑战传统，也迈入了新境界。

他必须告诉世人他发现的东西。于是他到了香港，拍了几部电影，其中一部是他永远的佳作《唐山大兄》。

他的任务已经完成。他完成了武术意识的“革命”。他借着电影让世人和武术界看到了他发现的东西。他为自己和世人带来了新的视野。

他走得和他出现一样快。但是他已经走完了他的路，因此他渴望的是宁静。他走得很突然——太突然了——但是他完成了任务。

前言

他的声音已经静止
他的信息仍在发言①

拉尔夫·布尔特坚斯

历代大哲，在智慧的保存上，都受到世人的亏待。这些圣贤当中，最伟大的几位——古印度及犹太的圣人、佛陀、孔子、苏格拉底、耶稣基督、穆罕默德——留下来的著作实在不多。他们的真理显示在深奥的讲演，睿智的对话当中——口头的宣示以不完整的转述传达到我们身上。因此，那些真理，我们只得知部分。剩下的大部分都逸失了。若是有人想寻找原先完整的架构，他依赖的却是信仰、诠释、补篇、改编等这些不可靠的转介之物。

可是时至今日，这个问题却倒转了过来。当今的世界，知识凌驾智慧，文化臣服于科技。文字的记载非常广泛，但是记载的东西却没有什么价值。这个时代——好像——缺乏真正的哲人。从数量上看，有很多人在提供智慧和假智慧，有很多教师自称拥有高超的悟见，也供应高超的悟见。然而，确实界定真正精神导师的种种考验，这些人通过的并不多。真正的精神导师传达的信息要能够普世皆准，

① 此一标题为中文版编者所加，英文版原题仅为“前言”。

解放人心，有教无类，无有憎恨，一体增进人心与人类生命，但又要在人人可以理解的范围之内。从这几个尺度来看，克里希那穆提是真正现代人的导师。

克里希那穆提的一生都在说明人类追寻的东西，实践人类追寻的行动。一九八六年以九十高龄辞世之前的六十年间，他云游世界各地，把他的思想带给想听的人。听过的人已经有几百万。他的名气虽然时高时低，可是他一贯坚持努力，冀求“使人类绝对的，无条件的自由”。新的世代，我们技术电子时代的儿女一直到他晚年才重新发现他。在一个欣赏干练英才，到处充斥圣滚教徒[①]、炫丽宗教，道坛警语四处鸣放的时代，他一直保有旧式先知的气息。热门哲学来了又去，克里希那穆提却历久弥新。

他的这种“永久”有两个原因。其中一个最明显的，当然是他的人格。他整个人对外展现时，散发着一种内敛的人格魅力，一种清晰的严谨产生的吸引力。除此之外，他讲话的态度、口气，即使是在大庭广众之间，都会使你感到一种个人的亲切感。所以难怪观察事情一向严格的赫胥黎（Aldous Huxley）会说：“（听克里希那穆提讲话）好像听佛陀讲道，那么有力，那么真正的权威。”

然而，说到底，光是人格并不足以说明他的永久。很多人都没见过他，没听过他讲道，可是却深深受他思想的吸引。因此，要了解他的力量，我们必须直探其哲学的源头——他表达的观念与主题。仔细检查他的著作，我们会发现其中并存着一贯与变化。他有某些主要的观念是根本不变的，可是要他顺应新的历史环境与精神需求，他也不曾犹豫。

他一再地说，人需要的不是指引，而是觉醒。这是他对人的潜

① holyrollers；此派教徒进行祭典时有叫喊、跳跃、翻滚等动作，故名之。

力高度的信心。这种信心植根于他的一个信仰，那就是，每一个人只要能够摘掉那副已变成生命负担的文化眼镜，他的发展都是无限的："在心灵或内在生命方面，建立在他人经验上的理论毫无意义……我们必须完全舍弃这种理论，因为我们必须自己站起来。"由于这样否定经验可以传授，又舍弃一切——包括他自己的——精神指引，他遂和世界上大部分宗教决裂。这些宗教都有一些可容我们效法的精神典范与导师。不过他的目的并不在挞伐别的宗教。他只是要提醒我们宗教、制度、祭典误导人心的力量，尤其是要提醒我们宗派之见造成的分裂。

随着时代的变化，他的哲学与智慧之膜也扩大到核心主题之外。我们渐渐看到他开始讨论人民与宗教势力的邪恶，现行社会结构的无用，"全体一致"的惰性，临时改革的徒然。一九五〇年代中，他发展出教育、人我关系、沟通等方面的观念。这是他先前的讲话中看不到的。教学相长。他不但回答了别人的问题，也延伸了自己的问题。然而，他关心的范围此后又继续扩大，纳入了民族主义、战争、生态掠夺、失业、饥荒等新的题目。由于一种几近现代人的敏感，社会问题以前常常位于他知觉范围的边缘，如今却开始接近舞台中心。比之于从前，他现在也开始常常提到冥思的意义。他的话，开始浮现一种着急，一种迫切。他感觉到时代的危急，感觉到我们迫切需要行动。他的谈话开始变得主题比较集中，对话比较周延，似乎不但要在实质上有反应，也想在风格上有反应。然而，他主要的信息还是一样："一个人见到真实的生命，见到真实的自己，才能够向前迈进。"

现代所有的哲人与伟大的精神人物当中，他入世的时间最久——厕身主要的位置达六十年之久。然而，要评估他的历史地位却很难。他和我们距离太近了，想要了解他的教言产生的影响还太早。因为，无论如何，耶稣基督被钉上十字架以后几十年间，世人并没有看到什么迹象，显示他会成为历史的巨大标记。佛陀、孔子乃至于马克思死去的一刻以及死去的一个时期，又有谁能够预言他们深远的影响？日后如果有比较多的人接受他的观念，那将是因为他说出了众人的渴望——因为他是在对那些已经觉醒的人讲话。这些人已经对那些无所不知的、声称可以改变社会的巨大意识形态感到幻灭。要是有这样的成果，那是因为他的话超越了时代与地域，与各个时代的人起了共鸣的缘故。他的声音已经静止，可是他的信息至今仍在发言。

（作者为纽约大学社会科学教授、英国剑桥大学教授）

全然的自由、爱与智慧[①]

克里希那穆提最初在印度一个小镇默默无闻，到最后成为坚定的、无法归类的心灵导师。他的谈话和著作与任何一个宗教都没有关系，既非西方，也非东方，他的智慧却为全人类所共有。

他的一生对广大的民众发言六十年。他的谈话对每一个人，每一个社会都具有重大的，“促成反应”的关联。他常常和杰出的作家、哲学家、科学家、教师、国家领袖对谈。人类奋斗了几百年的问题，他不需要先给予基本架构，不依赖任何东西，就可以触及核心，而且非常贴切、直接。

他的书早已译成二十几种语言，全世界都有出版。他的著作也制成录音带、录像带、镭射唱片发行。当今世界有一百五十所以上的大学与学院在利用这些数据。

面对这么多的数据，我们从已出版和未出版的著作中选择了一部分，希望能够表达他教言的深度与广度。当然，我们鼓励读者超越这一本《全然的自由》，接触他全部的著作与谈话。

① 此一标题为中文版编者所加，英文版原题仅为“编者序”。

引论

他邀请我们冥思和自我探索[①]

爱伦·安德森

第一次有幸见到克里希那穆提时，他那深邃的沉静就令我深深感到惊讶。那种深邃表示巨大的能量，那种沉静则代表已经底定的宁静。这种组合很稀有——真的是太稀有了，一见之下就无法以等闲视之。

我们的相见——我们两人大致上都说——很偶然。那是在一间录音室里。之前我不认识他，也没有看过他的书。可是他却邀我当场和他做一次录音对谈，真让我讶异。就一般的意义而言，他根本不认识我，可是他似乎毫不在意。我推想他如果不是大赌徒，就是完完全全活在当下，所以行动也非常准确，是“无时间性”的完美化身。他的邀请有一种极度非关个人的东西，但他本人却不冷淡、疏远。

接着他问我：“你想谈什么？”这又让我惊讶了一次。我说：“听和看怎么样？”他很高兴地接受了这个题目。于是我们立刻——即兴地——展开一场对话，讨论内在的听与看。两年以后，同样是完全没有想到，他又邀我和他做一系列对谈，内容包含他教言的精华

① 此一标题为中文版编者所加，英文版原题仅为“引论”。

部分。多年来我一直在做电台广播——播音，播报新闻——所以对播音程序有我职业性的熟悉。但这些经验都无所用于我们的对话。因为，我们的对话完全没有事先的安排、设计、指导、排练。但他的轻松与专注的确令人惊讶。

他是自己的“毫无拣择的觉察”这句话完美的化身。在这里，“毫无拣择”也许只代表一种主观状态。但是，“毫无拣择的觉察”反应在人身上时，却绝不能贬抑为一种主观状态，所以也无法用心理学再做分割。毫无拣择在心灵上等于睿智之语所由生的寂静，等于“心灵事物可以存在于其中的空性。但心灵事物并不等于心灵……那空性没有中心，所以能够无限运动。创造由此一空性而生，但这种创造并不是人把东西凑合在一起的那种创造。空性的创造是爱与死”。最后这句话直接且立即指向不了解自己而后自我觉醒一刻的特质。除非心理上我们和记忆的合一死灭，并且在这一刻又全然了解我们的需求，否则我们将永远坠入意念之中，当下适时的反应亦随之而去：

“全然了解内在与外在的需求，欲望就不再是苦恼。这时欲望就有了不同的意义。这意义远远超越意念，超越感觉，连带超越其感情、迷思、幻象。全然了解需求，而不只是了解其质与量，欲望就不再是苦恼，而是火焰。没有这一把火焰，生命就失落了。这一把火烧掉了欲望目标的卑贱，烧掉了欲望的边界，烧掉了我们加于其上的藩篱。这以后，随便你怎么叫它——叫它爱，叫它死，叫它美都可以。这以后，它将一直在那里，永不终止。”

为圣贤的著作写引论，却用个人的逸事开始，有的人认为会产生不好的作用。我们想到的是他再三提醒听众：“(我这个）论者并不重要。”我们还想到庄子说的：“至人无我，圣人无功，贤人无名。”（三者义同）不过，这些话虽然真实，但是几乎没有人好好想过，更别说做到了。我们发现这些话邀请我们忘掉伟大导师个人的存在。但这种邀请却泄露出我们的准备不周，还没有开始，就企图超越。他警戒我们:“日常生活即是冥思……是见当下即是,然后超越。”然而，我们若未见当下即是，又如何超越?

不幸的是，实际的情况显示，学术中人对于“见当下即是”放在真正自我探索的脉络中并不太了解，甚或根本不了解。学术生活乃是穿越抽象森林之旅。实验科学的优点在于对理论的结论总是要求试验证明。不过，纵然如此，这个程序仍然是在知觉者和被知觉者形成的二元结构中进行的。冥思那种没有知觉者的知觉，他们从未听说：

“这种（二元结构下的）知觉和见一客体而无观察者完全不同，因为在冥思当中，知觉是没有客体的，所以也没有经验。那么，这种冥思有没有意义？这种冥思没有意义，也没有功用。但是这种冥思却有一股大喜悦在动。这种大喜悦给予我们的眼、我们的脑、我们的心以纯真。不见生活为全新，生活就只是例行公事，是无聊，是无谓的杂务。所以冥思至为重要。冥思打开了那无可计量，无可测度者的门。”

只是他这个“大喜悦”指标却逸出了现代人的心境之外，实际上为现代人所不能理解。然而，这个大喜悦其实是至高无上的智慧。怎么说呢？因为这个大喜悦根本分别了意识和觉察力。在我们的时代，哲学和深度心理学已经将意识无限上纲。哲学家和深度心理学家没有弄清楚意识是不会自我矫正的。意识既然一直在改变，怎么可能自我矫正？意识只有在觉察力有对象时，才会产生作用。但觉察力本身既没有对象，也不会改变。正因为如此，觉察力才是通向无可计量，无可测度者的门。

他邀请我们展开的，是最彻底的自我探索；因为，这个自我探索是对着空间无限的自我觉察力展开的。自我探索，一开始要问的不是我是什么人，而是我不是什么人。这个严肃的问题不需要我们的深度心理学、哲学、神学、信仰系统等洋洋大观的理论架构、观念。这个问题简单得叫人惊愕又叫人害怕。害怕是因为它引发了我们最深的孤单感；因为，这个问题除了我们自己，没有人可以问，没有人可以答。但是，若能以耐心、勇气和彻底的信任坚持下去，不逃避这个问题，我们将会发现冥思那种不寂寞的孤独。“这种冥思绝对不刻意，不成就什么，不思考，脑是安静的，却不是用意志，用意图，用结论等乱七八糟的东西使它安静，但是就是安静。于是，因为安静，所以有了无限空间。”

这一篇引论，我刻意避开学术途径，不用学术方法讨论他的教言，否则就是曲解他的精神，严重误失他的信息。他关心的不是喋喋不休谈论观念，据信，是表现了心灵生活最佳典范的生涯。他最后的一次谈话（一九八六年一月）扼要中肯地谈到这个问题：

“各位和论者听一大堆话都没有用。但是，如果我们能一起来一趟长远的旅程，不是时间的长远，也不是信仰或结论或理论的长远的旅程，而是很仔细地检查我们的生活之道、恐惧、不定、不安以及人类发明的一切东西——包括非常了不起的计算机。如果我们来一趟长久的旅程，走进这一切，那么我们在两百万年的末端到底身在何方？我们要往哪里去——不是某些理论，某些可悲的，不管有多少神圣的书说的往哪里去——是我们所有的人要往哪里去？我们又是从哪里开始的？这两者互相有关联：我们要去的地方，就是我们开始的地方。开始也许就是结束。不要光是同意。弄清楚。”

立刻，我们就会听到有人喊说：“怎么弄清楚？怎么弄清楚？”“怎么”两个字显示我们很相信程序和程序会产生结果。不错，在物质秩序上的确如此。可是在这里，“弄清楚”这个指令讲的却是不一样的东西。这个东西就是人和自身关系的混乱。想要依据某一模式在这种混乱上实行纪律，都只有加重这种混乱，使他更脱离不了时间、信仰、结论、理论而已。专注于眼前的事物，这种纯粹的行动没有方法可言。这种行动没有什么神秘的东西。事实上，我们在日常生活中——也许——就有几次这样的行动，只是旋即失去。为什么？答案完全要靠自我检查——不是靠潜意识理论，不是靠论人性的博学论文。纯粹的专注行动是自然流露的，是自由的，听者与被听者、知觉者与被知觉者全都坠落，只剩下听和看。“只有在心很欢喜，很沉静，没有自己的运动，没有——意识或潜意识的——意念的投射时，只有这个时候才会有永恒。”

这一个世纪，我们随着母亲的奶水吸收了一个令人无力的教条，说人性的正字标记就是焦虑、疏离。这是世俗版的“原罪”教条。但是克里希那穆提启示我们的是我探索，我们要找到自己的本性、本真和自然状态。这样说来，我们的问题，核心是否就在这一点？不错，因为我们问题的核心就在于心的问题。

（作者为圣迪亚哥大学宗教学荣誉教授）

真理是无路可循的国度

克里希那穆提

解散世界明星社

世界明星社成立于一九一一年，宗旨是宣布世界导师的到来。克里希那穆提后来成为该社的首席。一九二九年八月三日，荷兰奥门年度世界明星大会开幕的一天，他在三千名会员之前当众宣布解散明星社。以下是他当时谈话的全文。

今天早上我们要讨论世界明星社的解散。许多人会很高兴，有些人会很悲伤。但这个问题既不必高兴也不必悲伤，因为这是无可避免的，原因我后面会解释。

各位或许还记得一个故事，那就是有一天魔鬼和他朋友走在街上，看到一个人在挖地，然后捡起一样东西，看一看，放到口袋里。朋友问魔鬼说："他在捡什么？"魔鬼说："他捡了一片真理。"朋友说："那对你可不是好事。"魔鬼回答说："噢，一点都不。我要让他去组织真理。"

我认为真理是无路可循的。不管你走哪一条路，借助什么宗教，什么宗派，都不可能接近真理。这是我的观点，我绝对无条件坚持。真理是不受限的，没有条件的，走任何一条路都趋近不了，所以也是无可组织的。所以我们也不应该建立组织，来带领人或强迫人走哪一条路。如果你已经了解这一点，你就知道组织信仰是多么不可能。信仰纯粹是个人的事情，无法组织，也不可以组织。否则它就是死的，就僵化了，于是就变成教义，变成宗派，变成宗教，然后再加给别人。全世界每一个人都想这样做。那些懦弱的人，只是一时不满的人，把真理集中起来当玩物玩。但是真理却是抓不来的，反而是个人必须努力爬升才可能企及。你无法把山峰搬到山谷。要爬上山峰，你必须经过山谷，不害怕危险的悬崖，从陡坡爬上去才有可能。你必须向真理爬上去，而不是真理为你“走下来”，为你而组织。人对于观念的兴趣，主要是组织在激发。可是组织只是从外在激发这种兴趣。这种兴趣并非出于热爱真理本身的缘故，而是由组织激发的，因此毫无价值。组织变成了会员轻易就能够适应的架构。组织中人不再努力追求真理，不再努力爬山，却取巧地挖掘壁龛，把自己放进去或者让组织把自己放进去，然后认为组织自此便会把他们带向真理。

因此，就我的观点，这就是明星社必须解散的第一个理由。尽管各位或许愿意另行成立社团，继续隶属于什么追求真理的组织。但我自己已经不想再隶属于任何精神类型的组织。请各位务必了解这一点。能够让我到达——譬如说——伦敦的组织（交通工具），我愿意运用。这种组织完全不同。它是纯机械的，譬如邮政、电报就是。我愿意利用汽车、轮船旅行。这种东西是物理机器，和灵性完全没有关系。所以，我认为没有哪一种组织有办法引导人走向灵性。

一个组织若是为这个目的而成立，就会使人依赖，软弱，束缚人，使个人残废，使他无法成长，创造自己的独特。但人之所以独特，却全在于自己发现那绝对的、毫无条件的真理。这是我——正好身为社里的首席——之所以决定解散明星社的第二个理由。这完全是我自己决定的，不是谁说服我的。

这没什么大不了，只因为我不要有信徒而已。我是认真的。你信从了一个人，从那一刻起你就不再信从真理。你们是否注意我的话，我并不关心。我要在这世上做一件明确的事，而且我要全力以赴，毫不动摇。我只关心一件根本的事，那就是使人自由。我想使人挣脱一切牢笼，一切恐惧，不再创立宗教、新宗派，也不再创立新理论、新哲学。那么各位自然就要说，既然这样，我为什么还要世界各地到处跑，继续发言呢？我要告诉各位为什么：不是因为我想要有信徒，不是因为我想要特别拥有一群门徒。（人总是爱与众不同，但其实他和别人的差异多么猥琐、荒唐、可笑！我绝对不鼓励这种荒唐。）我没有门徒，没有使徒——不管在俗世，还是在精神领域都没有。

我也不是为了金钱，为了想过舒服的生活。舒服的生活确实吸引我。但是如果我真的想过舒服的生活，我就不会到营地来，就不会住在这个潮湿的国家！我讲得很率直，因为我想一劳永逸。我不想年复一年讨论这种幼稚的事情。

一位新闻记者访问我，认为我把一个有几千名会员的团体解散非常不得了。对他而言，这是一次伟大的行动，因为他说："你以后要做什么？要怎么谋生？你以后不会再有人追随，有人听你讲话。"但是即使只有五个人愿意听，愿意活，愿意瞻望永恒，那就够了。拥有几千个信徒，可是这几千名信徒却不了解，心里充满成见，不想要新气象，只会把新气象扭曲成适合他们那浅薄的、沉滞的自我，那这几千名信徒有何用？这话如果说得强悍，请各位不要误解。这不是没有慈悲心。你去看医生，要求他替你动手术。他替你动手术虽然让你很痛，但他岂不慈悲？同理，如果我直言无讳，那并不是因为我没有情感。刚好相反。

我说过，我只有一个目的，那就是使人自由，促使人走向自由，帮助人挣脱一切束缚。只有这样才能给人永恒的幸福，使人无条件地实现自我。

因为我是自由的，无条件的，完整的——不是部分，不是相对，而是永恒的完整真理——所以我希望那些努力了解我的人自由，不要追随我，不要把我变成宗教、宗派，进而变成他人的牢笼。他们应该免于一切恐惧——免于宗教的恐惧，免于救赎的恐惧，免于灵性的恐惧，免于爱的恐惧，免于死亡的恐惧，免于生命本身的恐惧。艺术家画画是因为他画画很快乐，因为那是他的自我表现，他的荣耀，他的幸福。如今我这样做也全为了这个道理，不是因为我想从什么人身上得到什么东西。

各位已经习惯权威，习惯权威的氛围。各位认为权威会带领你们获得灵性。你们认为，也希望有一个人，以他非凡的力量——一种奇迹——把你送到这个永远自由的境地，至福的境地。你们根据这个权威来眺望你们生命的未来。

各位听我讲话已经三年，可是除了少数人，都没什么改变。今天，我们来分析一下我的话——要严格，这样各位才能够彻底地、根本地了解。只要你想仰仗权威带领你达到灵性，你很自然地就要顺着这个权威建立组织。但是正因为建立这个组织，你们也关进了牢笼；但你们却认为这个权威会带领你们达到灵性。

容我坦率以道，请各位记住，我这样做不是出于严苛，不是出于残酷，不是出于目的热，而是因为我希望各位了解我的话。各位到这里来就是为了这个。如果我不清楚地、明确地说明我的观点，我们就是在浪费时间。

十八年来各位一直在准备“世界导师”的降临，十八年来各位一直在准备这件事。十八年你们组织起来，要找一个人给你们的思想和心灵新的快乐，改变你们的一生，给各位新的了解，把你们提升到新的生命境界，给你们勇气，使你们自由——可是看看现在事情到底怎么样了！思考，并且自己去理解，发现这种信仰让你们有什么不同——不是佩戴了徽章的不同，这种不同太表面、琐碎、荒唐。这种信仰怎样扫除了生命中所有莫须有的东西？这是唯一判断的标准：各位是不是变得比较自由，比较伟大，比较威胁到每一个建立在虚伪与莫须有事物上的社会。明星社的人有没有变成怎样的不同？

我说过，各位已经为我准备了十八年。我不在乎各位是否相信我是世界导师。这不重要。各位既然是明星社的人，所以必然也奉献了各位的赞同、力量，承认克里希那穆提完全或部分是世界导师——对那些真正在追寻的人是完全，对满意自己真理的人是部分。

你们已经准备了十八年，结果看看你们的理解有多少问题，多少纠结，多少琐碎之事。你们的成见，你们的恐惧，你们的权威，你们的新与旧的教会……这一切，我认为都是理解的障碍。我这样说已经再清楚不过了。我不想要各位光是同意我的话，不想要各位追随我。我要的是各位了解我的话。

这种了解是必要的，因为你们的信仰并没有改变你们，反而使你们更复杂；而且你们又不愿意面对事情的真相。你们想要有自己的神——新神取代原有的神，新宗教取代原有的宗教，新形式取代原有的形式——可是都一样毫无价值，一样是障碍，一样是束缚，一样是依赖。去掉原有的精神优越，你换了新的崇拜对象。你们的灵性，你们的幸福，你们的开悟全部在依赖别人。你们虽然已经准备了十八年，可是我说这一切都没有必要的时候，我说你们必须把这一切摆开，向自己内在寻求开悟，寻求荣耀，寻求净化，寻求自己的不腐败的时候，你们却没有一个人愿意做。也许有几个愿意，可是很少，很少。

所以，我们为什么还要这个组织？

为什么要让虚假的、伪善的人追随我这个真理的化身？请记住，我不是在说什么苛刻不仁的话。我们只碰到一个状况，各位非得面对事情的真相不可。我去年就说我不会妥协。那时候没有几个人相信我。今年我绝对说得很清楚。我不知道十八年来，全世界有多少人——明星社的人——在为我准备，但是现在他们却不肯无条件地、完整地听我的话。

所以，我们为什么还要这个组织？

我以前说过，我的目标是使人无条件地自由，因为我认为，唯一的灵性在于自我的不腐败——也就是永恒——在于理性与爱相融合。这是绝对的、无条件的真理，这个真理就是生命。所以，我想使人自由，像晴空中的小鸟一样欢欣，在那自由中轻松、独立、欢喜。而我——你们已经为他准备了十八年的我——现在说，你们必须挣脱这一切，挣脱纠结、纷乱。你们要挣脱这一切，不需要依据精神信仰建立什么组织。全世界如果有五个人、十个人了解，努力，早就把琐碎的事情丢开，那么为什么还要为这五个人、十个人弄一个组织？懦弱的人，什么组织都没有办法帮他找到真理，因为真理在每一个人心里，不远不近，永远在那里。

组织没办法使你自由。外在的他人没办法使你自由。组织化的崇拜，为一种主义牺牲奉献，研读经典都无法使你自由。你用打字机写信，但是你不会把打字机供在桌子上拜。然而你们现在就是这样。你们关心的是组织。所有的新闻记者访问我，第一个问题就是："你们社里有多少人？""你有多少信徒？从数字我就可以判断你说的话是真是假。"我不知道社里有多少人。我不关心这件事。我说过，只要有人自由了，那么即使只是一个人，那就够了。

你们一定有那种观念，认为自由王国的钥匙掌握在某些人手上。其实没有人有这一把钥匙。没有人有什么权威掌握这一把钥匙。你的自我就是钥匙。只要发展这个自我，净化这个自我，使他不腐败——这就是永恒的王国。

因此各位将会看到，你们建立的整个结构多么荒唐——寻求永远的协助，依赖他人寻求自在、幸福、力量。但这一切只有在自己里面才找得到。

所以，我们为什么要有组织？

你们已经习惯由别人告诉你们有多大的进步。这就是你们精神上的地位。真是幼稚！除了你自己，还有谁能够告诉你，你内在是丑陋是美丽？除了你自己，还有谁能够告诉你，你是否已经腐败？可是你们对这种事情不认真。

所以，我们为什么要有组织？

但是也有一些人真正想了解，真正渴望找到无始无终的永恒。这样的人，以后会更加紧密地走在一起。这样的人，将威胁到一切莫须有的，虚假的事物，阴暗的事物。他们会集中起来，变成火焰，因为他们了解。我们必须创造这样的人。这就是我的目的。由于真正地了解，所以有真实的情谊。由于有真实的情谊——你们似乎不懂这种东西——每一个人才会真正地合作。这种合作不是出于权威，不是为了救赎，不是为了奉献于某一个主义，而是因为你们真正了解，并因而活在永恒之中。这件事比一切快乐、一切牺牲都伟大。

以上是我决定解散明星社的原因。我仔细考虑了两年，才做了这个决定，不是一时的冲动，也不是有谁说服我。这种事没有人可以说服我，因为我正好是社里的首席，两年来我一直在思考这件事。

慢慢地、仔细地、耐心地思考。现在我决定解散明星社。各位可以自行组织其他团体，期待他人。我不关心这种事，也不想制造新的牢笼，不想替这些牢笼制造新的装饰品。我只关心使人类绝对的、无条件的自由。

第一部
早期的著作

克里希那穆提一八九五年生于印度玛达纳帕尔 (Madanapalle) 一个低等的婆罗门家庭。十岁时母亲过世。求学期间，他纤弱多病。父亲从政府机关退休之后，在国际通神学会 (International Theosophical Society) 主席安妮 · 贝赞特的安排下，进入学会做事。他本人几年来早就是学会的会员。克当时十四岁，就和父亲、四个兄弟一起住进了学会位于马德拉斯 (Madras) 的总部。

克和贝赞特夫人之间产生了深厚的感情，她也成了他的法定监护人。那时学会的通神学家都在等待“世界导师”的降临。为了“世界导师”的降临，他们组织了一个团体，叫做“世界明星社”，以克为首席。一九一二年学会正式宣告克为“世界导师”。可是一九二九年，他却以一篇精神极为激进的演讲《真理是无路可循的国度》宣告解散明星社，并且同时拒绝财产、金钱、权力，以及一切权威和上师地位。

此后的一生，他四处行脚，在欧洲、印度、美国、南美洲、澳洲、新西兰等地对真正想聆听的人发表谈话。(每一场都有)数以千计各行各业的人前来听讲。

第一部是他一九三〇年代中所做谈话的摘选，其中包括墨西哥市那一次谈话及一九三四年在加州奥哈伊所做的系列谈话。二次大战期间他就在这里度过。

我想做的事

各位也许会问："你想做什么？如果你不要我们参加什么团体，接受什么理论，那么你到底想做什么？"

我想做的是帮助各位，帮助个人，以深刻而完整的具足，跨越那痛苦、混乱、冲突的湍流。自我中心的自我表现、冲突、仿效都无法产生这种具足。要跨越这条痛苦、哀伤的湍流，不能透过什么稀奇古怪的结论、观点，而是要清晰的思考，明智的行动。有一种实相只有透过深刻而真正的具足才能了解。

但是，在我们能够了解具足的丰美之前，首先我们的心必须先脱离传统、习惯、成见等形成的背景。譬如，如果你隶属于某一个政党，你很自然就会用那个政党狭隘的、有限的观点看所有政治问题。你在某一种宗教的教养、制约下长大，你很自然就会蒙着这个宗教成见与阴暗之纱来看生命。传统形成的这种背景，使你无法完整地了解生命，因此造成了混乱、苦痛。

我要请求各位，至少这一个钟头内摆脱你们成长的背景，连带其传统与成见，听一听我今天不得不说的话，直接而单纯地思考一下众多人类的问题。

真正的严格并不在于反对。大部分人受到的教导都是要反对而不是批判。可是人如果只是一味反对，通常表示他有一些既得利益想要保护。但这就不是以严格的检查深入问题。真正的批判在于不受防卫性反应的障碍，尽力了解各种价值观的全部意义。

我们这个世界到处都看得到贫穷与富有两个极端并存，富裕的同时却又有饥饿。我们有阶级区别，有种族仇恨；我们有愚昧的民族主义，又有残酷得骇人的战争；人压榨人，宗教因为有既得利益，因而变成压榨的工具，使人与人分裂。这个世界有的是焦虑不安、混乱、绝望、挫折。

我们看到这一切。这是我们日常生活的一部分。那么，陷在苦痛之轮上，如果你还有思想，你必然会问自己这些问题怎样才能解决，要不就是完全昏睡，活在稀奇古怪的世界，活在幻象当中。这其中，你要是有觉察，你必然亟思解决人类这些问题。于是有的人去找专家，接受他们的观念、理论，用他们的方法。渐渐地，他们变成了排外的团体，开始和别的专家及他们的团体产生冲突。于是，在团体或专家手中，个人变成了工具。如若不然，也许你认为要改变这一切残酷恐怖的事情，需要的是群众运动，是集体行动。

可是，如果你这个个人——身为群众的一部分——并不了解自己真正的作用，所谓群众运动就徒然只是口号而已。唯有你这个个人——也就是群众——很清醒，对自己的行动负起全部的责任，毫不冲动的时候，真正的集体行动才有可能发生。

不过请各位谨记在心，我并不是要给各位一个哲学体系，让各位盲目地遵从。我只是想唤醒各位追求真正的、理智的具足。只要有这种具足，就能够为这个世界创造快乐的秩序与和平。

这个世界根本的、永远的改变是可能的，爱与理智的具足是可能的，但只有各位清醒过来，开始挣脱妄相之网才有可能。这种种妄相之网是你因为恐惧而替自己罗织的。心挣脱了这一切阻碍，产生了深刻的、内在的、自愿的改变，真正的、永久的集体行动至此开始产生。这时的集体行动才毫无冲动。

请各位了解我是和你们个人在谈话，不是和一个团体或某一个党派讲话。各位如果没有警觉自己全部的责任，完整的具足，那么身为人类，你在社会当中的作用必然会遭到顿挫，施展不开。悲伤于是产生。

所以，我们的问题就是：要怎样才会有这种彻底的个人革命？个人有这种自愿的、真正的革命，就会为全体人类创造适当的环境，没有种族、阶级的区别。这样，这个世界就会变成一个人类单位。

身为个人，你要怎样才能够警觉这种彻底的革命？我现在要说的话很简单，一点都不复杂。但就因为简单，所以我很担心各位认为不够积极,因此拒而不纳。你们所谓的“积极”就是要有明确计划，要有人一五一十地告诉你们怎么做。可是，如果各位了解什么障碍阻却了你真正的、深刻的具足，你就不会只做个信徒，接受压榨而已。凡是信从，都会破坏你的完整。

要有这种彻底的革命，必须完全意识到你替自己制造，而如今自己深陷其中的结构。这指的是我们现今抱持的一套价值观、理想、信仰。这一切价值观、理想、信仰形成了一片网，网住了你的心。但是如果能够质疑并了解这些东西全部的意义，我们就会了解为什么会有这些东西。在你能够争取真实而彻底的行动之前，你必须先知道自己活在监牢里头，先知道这一座监牢形成的原因。能够毫无自我防卫地检查这一座监牢,你就会了解它真正的意义。除了你自己，没有人可以告诉你这个东西。你将从自己的苦痛，自己智慧的觉醒发现真正的具足。

我们每个人都在追求平安、确定，可是却在主观上、客观上都以很我执的思想和行动来追求。只要你很清楚自己的思想，你就会看到你追求的东西，不论是外在，还是内在，都是我执的平安与肯定。本来，生命无法绝对区分为主观世界和客观世界。我做这种区分只是为了方便。

客观上，追求我执的平安与肯定会从家庭表现出来。家庭建立在“占有”之上，已经成了压榨的中心。若是加以检查，你会发现，所谓的家庭的爱其实只是“占有欲”而已。

追求平安，另外还会表现在阶级区别当中。从阶级区别生出愚昧的民族主义、帝国主义，制造怨恨、种族仇恨，最后造成残酷的战争。所以我们经由自己我执的欲望制造了分别国与国，主权政府和互相冲突的世界。这些政府的功能就是备战，就是强迫人与人对抗。

然后，追寻我执的平安、肯定还表现在宗教上。你天真地相信，你称之为宗教的那些制式信仰都是圣神创造的。可是为了你的方便，这些制式信仰其实也是你创造的。历代以来，这些信仰已经变得很神圣，而你也成了它们的奴隶。可是，这世上绝对不会有理想的宗教，所以我们就不要再浪费时间讨论。理想的宗教只存在于理论中，不在现实中。所以现在让我们来检查一下我们怎样制造宗教，又怎样被它奴役。你只要深入检查宗教的真实面，就会发现宗教就是制式信仰拥有的既得利益——掌握人，分化人，压榨人。你客观上在追求平安，同理，你主观上也在追求另一种平安、肯定——也就是你所谓的不朽是也。你渴望自我在来生继续存在，说这就是不朽。以后我会讨论在我而言真正的不朽是怎么一回事。

你追寻平安，因而生出恐惧。接着因为有人向你承诺那种不朽，因此你就向他皈依。由于恐惧，你制造了精神的权威。为了行使这个权威，就有僧侣假借信仰、教条，借着表演、场面、仪典来压榨你。这种信仰、教条、主义、表演、场面、仪典，全世界都称之为宗教。你也可以称之为真理或上帝之爱，但它其实是建立在恐惧之上。理性地深究其实，它无非是恐惧的结果，因此必然也会变成压榨人的手段。由于你想要不朽，想要自私的永生，所以你制造了你所谓的宗教这种妄相，自觉或不自觉地深陷其中。或许你不属于什么宗教,但你却属于某种法门。这种法门很微妙地向你承诺某种报酬，承诺来生自我的膨胀。又或许你并不属于什么法门，但是你内心却有个欲望隐藏在那里，想要追寻自己的不朽。只要有延续自我的欲望，那么，不论这自我延续是怎样的自我延续，都必然有恐惧。恐惧制造权威,从这里又产生屈服于压榨的愚昧与残酷。由于这种压榨，非常巧妙、细腻，以至于你还会爱上它，说它是灵性的进步，是走向圆满的发展。

所以现在,身为个人的你,一定要意识到所有这一切复杂的结构，意识到恐惧的源头，并且愿意不计后果，把这个源头除掉。这表示你将和现有的价值观、理想发生冲突。然而，我们的心一旦挣脱了这些虚假的东西，我们将为全体的人创造适当的环境。

你第一重要的事情，就是意识到自己身在监狱。意识到这一点，你就会看到你的意念一直在避免和这所监狱的种种价值观冲突。这种逃避制造了诸种理想。但这些理想，不论多么的美好，也只是妄相而已。这是我们的心逃避的伎俩；因为如果它不逃避到理想中，就会和它的监狱，和环境直接冲突。换句话说，我们的心只想逃到妄相里面，却不想面对因为质疑监狱里的价值观、道德观、宗教而必然产生的苦痛。

因此，关键的是要直面你陷身其中的社会、宗教的传统和价值，不要假借理想逃掉。你一旦开始质疑这些价值，也就开始唤醒真实的智慧，也唯有真正的智慧才能够解决人类那么多的问题。

我们的心只要陷在虚妄的价值观里面，就不可能具足。但唯有具足才能够揭示真理，揭示永恒生命的运动。

一九三五年十月二十日　墨西哥市

各位在追寻什么东西？

我这些谈话的目的并不是要给各位一个思想体系，而是要唤起各位的思想。因此今天我有些话要说——当然不是一些教条——希望各位认真思考。思考的时候会产生很多问题。如果你们愿意告诉我，我将尽力回答。然后我们再进一步讨论我必须说的那些东西。

我不知道各位为什么会来这里。假若各位是在追寻一种东西，那么各位在追寻什么东西？当然，你没办法回答这个问题，因为你追寻的东西一直在变。你追寻的目标一直变，不断在变，所以你也不知道自己在追寻什么，想要什么。只是很不幸地，你们因此已经养成一个坏习惯，所谓的精神导师一个一个换，什么组织、团体都参加，什么体系都信。换句话说，你们一直在找东西让你们更满足，更兴奋。

思想派别一个一个换，思想系统一个一个换，老师一个一个换，你们说这是追寻真理的过程。换句话说，你观念一个一个换，思想系统一个一个换，一直累积，希望能够了解生命，探测生命的意义、挣扎。每一次你都宣称找到了某种东西。

所以，我不希望今天我讲完话之后，你们就说自己已经找到某种东西。因为，你一找到的那一刻，你就迷失了。你找到的那个东西会变成锚；你的心会去抓住这个锚，于是那个永恒的运动就跟着停止了。可是今天我要讲的正是这个永恒的运动。大部分人寻找的欲望，寻找的目标都很明确。这个欲望一确立，必然就会找到某种东西。但这时你找到的东西却不是活的。你会找到死的东西。因此你就会把它丢掉，再去找别的。你一直在选择，一直在抛弃，而这个过程你却称之为追求智慧、经验、真理。

各位今天来这里，不论自觉或不自觉，或许也是抱着这种态度来的。所以你们的思想完全消耗在寻找方案、他人的确认，消耗在想加入运动或建立团体之上，完全不清楚根本的事物，完全不想了解这些生命的根本事物意义何在。我说过，我不是要给各位一个理想让各位仿效，不是要给各位一个目标让各位发现。我的目标是唤醒你们的思想。我的心可以借着这个思想挣脱现存的事物。我们一向想当然地视这些事物为真实。

我们每个人都想让环境的产物永存。我们想使环境的产物永恒。所谓环境的产物，指的就是我们的种种恐惧、希望、渴望、成见、喜好，加上我们美其名为个人气质使然的个人现象。这一束记忆是环境的产物，是我们对环境的反应产生的事物。这一束记忆变成了一股意识，我们称之为“我”。是不是这样呢？我们所有的挣扎全在于这些一心与之合而为一，而变成“我”的环境产物之间，全在于这环境产物和环境之间。因为，无论如何，这个“我”，这个心与之合而为一的意识毕竟是环境的产物。我的挣扎都发生在这个“我”和变动不居的环境之间。

你一直在为这个“我”追寻不朽。换句话说就是，虚假一直在想变为真实，变为永恒。但是如果你了解环境的意义，因而不产生反应，那么跟着也就不会有反应，也就不会有反应——所谓的“我”——和制造反应的东西——环境——之间的冲突。你追寻不朽，渴望肯定，渴望永远。这种追寻的过程，你称之为进步的过程，追寻真理或上帝的过程，了解生命的过程。不管是谁，只要有人帮助你走向这个过程，帮助你使你的反应——我们所谓的“我”——不朽，你就认为他是你的救赎者、拯救者、师父、老师，你就信了他的体系。追随他，或许无心，或许有心。有心，是因为你自认你是有智慧地在跟他，因为他要带领你走向不朽，使你臻及人喜悦。换句话说就是，你希望有人能够使你的反应——环境的产物——不朽。然而这个环境的产物，本质上就是虚幻的。但是出于想要使这个虚妄之物不朽的欲望，你创造了宗教、社会制度、部派、政治方法、经济万灵丹、道德标准。这是一个发展各种体制，以促使个人不朽、永远、平安的过程。可是，个人就在这个过程中逐渐迷失了。他开始和自己创造出来的这些东西发生冲突。他出于渴望平安和所谓的不朽，创造了这些东西。

无论如何，为什么会有宗教存在？宗教作为各种部派的思想，就是因为你想实现，想达到，想成为不朽，而由各种信仰培育，发扬起来，成长起来的。

同理，道德标准也是社会创造出来的产物，目的是要个人受它的约束。对我而言，道德是没有标准的。道德与标准不可能同时存在。要有什么的话，就是智慧，而智慧是没有标准，也不可能有标准。这一点我们以后再讨论。

我们每个人都陷在不停的追寻当中，追寻幸福，追寻真理，追寻实相，追寻健康——我们每一个人都在培养这种永不停止的欲望，以便求得平安、恒常。因为追求恒常，因而必然产生冲突——“我”这个环境的产物和环境的冲突。

现在各位想一想，这个“我”到底是什么东西？你说“我”，说“我的”，说我的房子，我的喜好，我的妻子，我的孩子，我的爱，我的脾气，这是什么东西？这不是什么东西，而是环境的产物。这环境的产物“我”和环境的本身是有冲突的。但是，只有虚妄与虚妄之间才有冲突，也必然会有冲突，真实与虚妄之间绝不会有冲突。是不是呢？真实与虚妄之间不会有冲突，但是虚妄与虚妄之间，各种程度的虚妄之间，各种极端之间，就会有冲突，而且一定有冲突。

所以，不要认为“我”与环境之间的斗争是真实的。你一向说这种斗争是真实的。我们每个人身上不都有自己和环境、先生、妻子、孩子、邻居、社会、政治组织等的斗争吗？不是一直都有这种斗争吗？你认为这种斗争是必要的。这样才能够帮你实现幸福、真理、不朽、大喜悦。换另外一种讲法，你一向认为真实的那些东西，其实只是“我”这个自我意识和我们的环境而已。前者随时都想不朽，后者我则说是虚妄事物的不断运动而已。这种运动变成了你周遭变动不居的环境。但这个变动不居的环境，你却称之为进步，称之为进化。但对我而言，环境的产物，“我”，变动不居的状况之中，都不可能找到幸福或真理或上帝。

我用不同的话再说一遍。你和环境和种种状况之间有冲突。这你们大家都知道。然后你对自己说：“只要我能够征服环境，克服环境，掌握环境，我就会弄清楚，就会解脱。”于是你和环境之间就开始了无止境的战争。

可是，“你”是什么东西呢？你只不过是环境的产物，环境的结果。所以事实上你是在干什么呢？你是在用一个假的东西打另外一个假的东西。只要你不了解环境，环境将永远是虚妄的东西。所以，是环境在制造那个你称之为“我”的意识，而这个“我”则一直想要不朽。要使这“我”不朽，要有很多方法，很多手段，所以你就有了宗教、制度、哲学等胡说八道的东西和障碍。这些都是你自己制造的。从此环境和环境的产物就必然有了冲突。可是，我说过，只有虚妄与虚妄之间会有冲突，虚妄与真实之间不会有冲突。可是在你心目中，你却坚决相信这种环境与环境的产物“我”之中的斗争存有力量、智慧、永恒之道、实相之路、真理、幸福。

但我们极为重要的一个关切所在应该是这个环境，而不是我们和环境的冲突，不是怎样克服环境，不是怎样逃避。我们要质疑环境，努力了解其意义，这样我们才会了解环境真正的价值所在。是不是这样呢？大部分人都卡在想要克服环境，逃避环境。我们不想了解环境的意义何在，不想了解其成因、意义、价值。可是，如果你明白环境的意义，这表示你已经采取了一个重大的行动，在生活中做了极大的叛逆，做了完整的观念革命。这种观念革命没有权威，也不是仿效某人。可是就没有多少人愿意了解环境的意义，因为了解代表改变，彻底的改变，革命性的改变。这种改变没有几个人喜欢。大部分人关心的都是怎样逃避环境。他们把环境的状况掩饰起来，要不就是赶走耶稣基督，找一个代替品，建立新的救主。再不然就是找新老师代替原来的老师，从来不曾好好探讨一下自己是否真的需要人引导。然而，只要能做这种探讨，仅此一件就会对我们有帮助，仅此一件就会使我们了解我们之所以寻找代替品的真正意义。

只要还在找代替品，就必然有权威，必然追随领导，因此个人就成了社会和宗教机器的螺丝。然而你只要仔细检查，就会发现你的追寻无非只是在追寻舒适、平安、逃避，不是追寻了解、真理。而追寻逃避，就是追寻一切障碍的征服。但无论如何，征服本身就是代替品。代替品当中没有了解可言。

我们借宗教逃避，借宗教的敕令、道德标准、恐惧、权威逃避，借自我表现——你所渴望的自我表现——逃避。大多数的自我表现其实只是针对环境起的反应，只是你借着各种反应在努力地表现自己——艺术的表现，科学的表现，各方面的表现。不过在这里并不包括艺术、科学、美学各种真实的，自然的表现。这种表现本身已经很完整。我说的是把这些东西当做自我表现的手段的人。真正的艺术家不谈自我表现。他只表现他强烈的感受。不过有很多假艺术家，就和那么多假修道人一样，老是在追寻自我表现，把自我表现当做“获得”的手段——获得他眼前生活的环境无法给他的某种满足。

因为追寻平安与恒常，所以我们建立了宗教，连带也建立了其中的种种愚行、分裂、压榨，作为逃避的手段。然后，这些逃避就变成非常要紧，非常重大，因为，要应付环境——也就是我们身边的种种状况——需要极大的行动——自愿的、有力的行动，可是愿意采取这种行动的人太少了。不过环境逼迫你行动，你倒愿意。换句话说，一个人要是变得很有道德，很有德行，那么虽然他是由压抑自己而变成这样，你却说他是好人一个，说他真的变好了。但是，只要正当的行为还要依赖环境才会产生，就必然也产生逃避的手段，产生代替品。这些手段，这些代替品，你叫它宗教，叫它什么都可以。可是，真正的艺术家——也就是真正有灵性的人——他的表现却是自然流露的。这种表现本身就是充分的、自足的、完整的。

所以，各位在干什么？你们大家身上发生了什么事？你们想在生活当中做什么？你们在追寻，但你们在追寻什么？你和不断运动的环境之间有冲突。你在寻找方法克服环境，以便延续你自己。可是你的“我”无非只是环境的产物。也许你的环境一直不如意，使你无法做——你所谓的——自我表现，于是你就开始另外想办法，从人道服务，从改善经济来表现。

每一个人都必须弄清楚自己在追寻什么东西。人如果不追寻，就会自满、腐朽。要是产生冲突，就会想克服那个冲突，逃避那个冲突，掌握那个冲突。我说过，只有虚妄与虚妄之间才会产生冲突。

只有所谓的“我”这个假设的实相和环境之间才会有冲突。但这个“我”在我看无非也是环境的产物。你的心如果只关心怎样克服“我”和环境之间的斗争，就会使虚妄持续下去，从而制造更多的冲突，更多的苦痛。但是，如果你了解环境的意义，也就是说，如果你了解财富、贫穷、压榨、压制、国家、宗教，一切现代社会的愚行，不试着去克服但却努力了解其意义，那么你必然会产生个人的行动，产生完整的观念革命,思想革命。这样,“我”和环境就不会再有斗争，而是光明驱逐黑暗。光明与黑暗之间不会有冲突。真实与虚妄之间不会有冲突。完全的对立才会有冲突。

一九三四年六月十六日　加州奥哈伊

环境的意义

各位还记得昨天我谈到冲突的产生，谈到我们的心怎样想解决这种冲突。今天早上我们要谈的是整个冲突、紧张的概念。我们要说明我们的心想解决这种冲突是没有用的，因为光是追寻解决的方法化解不了冲突。找方法，找化解冲突的手段，其实只是把另外一套现象，另外一套理论强加或取代原来的观念或理论而已。如果不是这样，你也会整个地逃避冲突。人如果想解决冲突，就会找这些东西。

如果你仔细观察，你就会发现，一有冲突，你就会马上想解决。你会想替冲突找出路。通常你也的确渐渐找到出路。不过，事实上你并没有解决冲突。你只是用新的环境，新的状况取代原有的环境，因而转移了冲突而已。你的新环境，新状况将产生更多的冲突。所以今天就让我们来看看“冲突”这个东西，看看它从哪里生起，看看我们可以怎么办。

冲突是环境的产物，不是吗？换不同的话说，环境是什么东西？你什么时候会意识到环境？你只有在和环境有冲突、抵触的时候，才会意识到环境。因此，你只要仔细观察，仔细看看自己的生活，就会发现冲突一直在扭曲、塑造、颠倒你的生活。这一来，智慧原来是心和脑极度和谐相融，却在你的生活中毫无地位。这就是说，环境一直塑造、制造你的生活，要你行动。但是在这不断的扭曲、塑造当中，很自然就生出倒错、冲突。如此这般，只要这样一直冲突下去，就没有智慧容身之地。然而，我们却认为不断地经历冲突之后，我们将达到智慧、圆满、大喜悦之地。可是，事实上，冲突的累积并不能让我们懂得明智的生活。你必须了解环境在制造冲突，了解光是替代——也就是用新的环境取代原来的环境——不可能解决冲突。唯有了解这一点之后，你才会懂得明智的生活。你只要仔细观察，就会发现，一产生冲突，我们的心就开始找代替品。我们会说，我们的冲突是因为遗传，因为经济不好，因为以前的环境。要不我们就断言我们相信的业力、轮回、进化论果然没有错。所以，我们是在为眼前我们的心深陷其中的冲突找理由，却不弄清楚冲突的成因。要弄清楚冲突的成因，就要探讨环境的意义。

只有环境和环境的产物之间才会有冲突。环境指的是社会与经济情况、政治的支配、邻里等等。环境的产物就是“我”。环境产生“我”，产生自我。只要对环境有反应，就有冲突。绝大部分人都意识不到这种冲突，意识不到这个“我”——环境的产物——和环境本身的冲突。这种长久的斗争，意识得到的人没有几个。但是人会意识到这种冲突，这种紧张，这种环境与环境的假造物——“我”——之间的斗争，完全是因为痛苦，不是吗？就因为那剧烈的苦，那剧烈的痛，那剧烈的紧张，你才意识到这种冲突。

你意识到这种冲突以后会怎样？你在剧烈的痛苦中意识到这种斗争，这种永久的斗争之后会怎样？大部分人都会马上想到要解脱，要解答。他们想保护自己，免于痛苦，所以他们找到宗教、刺激、愚行等各种方法来逃避。我们想保护自己免于斗争，所以我们制造了很多逃避之道。痛苦使我们意识到冲突，不过却无法引导人走向生命的圆满、丰富、充裕、大喜悦，因为，无论如何，痛苦至多只是唤醒我们的心，使我们的心意识到那剧烈的痛苦而已。心一剧痛，就开始质疑——质疑环境，质疑种种状况。在这种质疑里面，智慧就开始产生作用。只有智慧才能带领人走向生命的圆满，发现“悲伤”的意义。智慧在剧痛的一刻开始作用。心和脑不再自作聪明，乍看之下似乎很合理，实际上，你用真实的种种方法逃避时，智慧就开始作用。你只要不怀成见，很仔细地观察，就会发现，只要还有逃避，你就无法面对冲突，解决冲突，而且你的痛苦只是在累积无知。换句话说，唯有你不再逃避，不再透过众人熟知的方法逃避，在那剧烈的痛苦中，智慧才会开始产生作用。

拜托一下，我不想为各位举例说明。我希望你们自己想。我要是举例说明，就是在替你们想，而你们就变成只是在听。可是如果你们好好想想我的话，就会发现，就会观察到我们的心已经习惯于太多的代替品、权威、逃避，所以从来没有到达使智慧开始产生作用的剧痛。但是要彻底解决冲突的成因，却必须智慧充分产生作用才可以。

只要不了解环境，就会有冲突。环境生出冲突。我们只要不了解环境、状况，又一味只是寻求这些状况的代替品，那么我们就算逃避了一次冲突，还是会马上遭遇另一次冲突。但是，如果剧痛带来了完全的冲突，然后我们在这种情况下开始质疑环境，我们就会了解环境真正的价值，一了解，智慧就开始产生作用。你的心前此还一直和冲突，和环境，和逃避合而为一，因此也和痛苦合而为一，换句话讲，这时你会说“我很苦”。但是在剧痛当中，在苦痛当中，当你不再逃避时，你的心就开始明智起来。

换不同的话说，只要我们还在寻找解决的方法，只要我们还在寻找代替品，还在为冲突的成因寻找权威，为冲突寻找缓解的方法，我们的心就会和这些东西合而为一。可是当一切逃避之道都已经封锁，我们的心一处在剧痛状态时，智慧就会开始质疑，开始自然且自发地产生作用。

拜托，各位只要实验一下，就知道我给你们的不是理论，而是可以运用的、很实际的东西。你们有太多的环境产物，那是由社会，由宗教，由经济、社会阶级、压榨、政治压迫等强加给你们的东西。你的“我”是这种强迫，这种指派制造出来的。你的身上有“我”在和环境对抗，于是就有了冲突。创造新环境没有什么用，因为还是一样会有冲突。但是，如果你在这种冲突当中自觉到哀伤、痛苦——所有的冲突都会有痛苦，只是人总是想逃避那种斗争，所以一直在找代替品——如果在那种剧痛中，你不再寻找代替品，真正面对事实，你就会发现，我们的心，作为智慧的总和，已经开始在发现环境的真实价值，然后你就会明白其实我们的心是可以免于冲突的。我们的剧痛本身就有它的解药。从剧痛就可以了解冲突的成因。

而且，我们要谨记在心的就是，累积悲伤并不会产生悲愤的力量，痛苦的增加也不会带来化解的方法。痛苦的心只有不再逃避，才会感到剧痛。心若想逃避，由于逃避的举动无智慧可言，所以冲突也不会激发痛苦，使我们感到剧痛。

简单地再说一遍，然后再来回答你们的问题：首先，每个人都陷在痛苦和冲突当中。可是大部分都意识不到这种冲突，只会寻找代替品，想办法解决，逃避。如果他们能够不再逃避，进而开始质疑造成冲突的环境，他们的心就会敏锐起来，活起来，理智起来。心在这种强度之下会变成智慧，因而看清制造冲突的环境的全部意义与价值。

抱歉，我相信在场各位有一半不了解这一点。不过没有关系。

各位愿意的话，可以思考一下我的话，真正地思考一下，看看我所言是真是假。但是，思考我的话，并不是要把它变成知识，也就是说，并不是坐在那里，把它变为知识，然后任由它去。要弄清楚我的话是真是假，各位必须付诸行动。付诸行动，就要质疑环境。这就是说，本来如果你遇到冲突，很自然就应该质疑环境。可是由于大部分人都已经颠倒妄想，所以再也觉察不到自己只是用奇妙的理论寻找解决的方法，逃避的方法。他们的思考很完美，可是思考的根据却是逃避。这一点他们全然不知不觉。

所以，如果有冲突，如果你想弄清楚冲突的成因，我们的心就必须透过敏感的思想去寻找这个成因，因此而开始质疑环境放在你身上的一切——家庭、邻居、宗教、政治权威。因为质疑，所以会针对环境采取行动。我们有家庭，有邻居，有国家，我们质疑这些东西的意义，因而发现智慧是自然流露的，不是学习的，不是培养的。你播下觉察的种子，因而开出智慧的花朵。

问：你说“我”是环境的产物。你的意思是不是说我们可以创造完美的环境，因而不会制造“我”这种意识？果真如此的话，你说的完美的自由就是创造适当环境的问题了，对不对？

克：等一下。可能会有适当的环境，完美的环境吗？不可能的。所以让我们一起思考，充分地思考一下。

何谓环境？环境是制造出来的。环境这一个结构都是制造出来的——人的恐惧、渴望、希望、欲望、追求制造出来的。你无法制造完美的环境，因为每一个人都在按照自己的欲望和幻想制造一些状况。但是，如果你有一颗明智的心，你就会看穿这些虚妄的环境，因此免除掉“我”这个意识。拜托，“我”这个意识，“我”这种感觉，都是环境的产物，不是吗？这一点太清楚了，我想我们不必再讨论。

要是国家给你房子，给你所需的一切，你就不会再需要“我的房子”。你也许会有其他的“我的”意识，但是我们讨论的是特定的一些“我的”意识。那是环境的产物。“我”只是对环境虚妄的反应。可是如果我们的心开始质疑环境，我们就不会再有这种反应。所以，我们并不关心有没有可能创造完美的环境。

无论如何，究竟何谓完美的环境？每个人心目中都有一种他完美的环境。艺术家说这样，金融家说那样，演员又说一样。每个人都希望有完美的环境可以满足自己，也就是说，每个人都要求别在自己身上制造冲突的环境。因此，所谓完美的环境是不可能的。可是如果有智慧，环境就不再有价值、有意义，因为智慧是不依靠环境存在的，它的运作本身就很完整。

所以，问题不在我们能不能创造完美的环境，而是怎样才能唤醒不依赖环境——不论完美或不完美——的智慧。我现在说，你们的心深陷其中的环境，不论是怎样的环境，只要你质疑其中全部的价值，就会唤醒你的智慧。这时你就会发现任何环境都不会影响你，因为你有智慧在运作，不受环境的塑造、颠倒、扭曲。

问：你的话传达出来的意思当然不是真的。每次看到这个世上邪恶的猖狂，我就很想起来对抗这种邪恶，对抗这种邪恶在人类生活中制造的痛苦。这当然会产生极大的冲突，因为我试着去帮忙时，就会碰到邪恶的对抗。所以你怎么能说真实和虚妄之间不会有冲突呢？

克：昨天我说只有两个虚妄之间才会有斗争。那是环境与环境的产物，也就是“我”之间的冲突。这两者之间有无数的逃避之道，那是“我”创造的。这些逃避之道，我们称之为恶、善、道德、道德标准、恐惧以及种种对立之物。只有这两者之间才会有斗争，只有环境虚妄的创造物，也就是“我”和环境之间才会有斗争。可是真实与虚妄之间是不会有斗争的。这一点很明显，不是吗？你遭到凶恶的对抗，可能是因为对方很无知。这并不表示你不应该和他对抗，不过可别假设对抗的正义性。拜托，你知道做事情当然有很多自然的方法，一种自然流露的、温暖的方法，而不是侵略性地、凶恶地自认为正义。

首先，要对抗，你必须知道要对抗什么东西。所以你要有个根本的了解，而不是只懂得区分两个都是虚妄的东西。我们现在非常清楚，完全清楚两个虚妄之物，清楚环境和环境的产物。我们要和这两者对抗，我们要改变，我们想转变，但是却不想改变整个人类生活的结构。换句话说，虽然说“我”是环境虚妄的产物，不过还是想维护。我们想维护。我们想维护“我”，可是却想改变世界。换句话说，你还是想要有银行账户，有财产。你想维护“我的”这些东西，但是你却想改变世界，让大家没有“你的”、“我的”这种观念。

所以，我们要做的是弄清楚，我们处理的到底是根本还是皮毛。对我来说，只要我们关心的还是想改变环境来缓和冲突，就是皮毛。换句话说，你还是想把“我”这个意识当成“我的”紧紧抓住，可是却又想改变环境，以免环境在“我”身上制造冲突。我说，这是肤浅的想法。想法肤浅，行动自然肤浅。可是，如果你能思考到根本；也就是说，如果你能质疑环境的产物，也就是质疑“我”，并因此质疑环境本身，你就能够从根本采取行动，因而也能够永久采取行动。这样根本而永久的行动会有一种大喜悦，一种欢喜。这种欢喜是目前你所不知道的，因为你害怕采取根本的行动。

问：昨天的谈话，你说环境是虚妄之物的运动。你说的这个环境是否包括所有大自然的造物，包括人在内？

克：环境是不是一直在改变？是不是？大部分人都觉得环境没在改变。那是因为改变包括不断调适的意思，因此就包括我们的心一直在觉察。可是大部分人关心的只是静态的环境。但是环境事实上一直在动，因为环境是你无法控制的。因此，只要你不了解其意义，它自然就是虚妄的。

环境是否包括人在内？为什么把人和自然分开？其实我们不怎么关心自然，因为我们差不多已经能够控制自然。但是我们却不了解人类创造的环境。我们虽然已经运用科学大半了解了自然，征服自然，可是看看人与人的关系，民族与民族的关系，还有人类制造的种种状况——这一切我们都不了解。

所以，我们如果了解环境，就不会再关心它的稳定、延续，因为，从我们了解的那一刻开始，就再也没有冲突。这就是说，我们追求平安——感情的、心理的平安，只要有了这种平安，我们就很快乐，因而绝不会再质疑环境。环境的变动不居便成了虚妄的一回事，一直在我们身上制造困扰。只要还有冲突，那就表示我们并不了解身边的各种状况。只要我们不探索环境的意义，环境的变动在我们就是虚妄的，只有在剧烈痛苦意识当中，我们才会发现环境的意义。

问：我很清楚“我”这种意识是环境的产物。可是，你难道不知道“我”并不是这一生才开始有的吗？从你话里的意思，“我”既是环境的产物，必然从很久的过去就已经开始，而且以后的未来还要一直延续下去。

克：我知道这个问题是要我谈轮回。可是没有关系。我们来看看。首先，如果你思考一下，你也会承认“我”是环境的产物。对我而言，这环境是过去的环境，还是现在的环境都没有关系。因为，无论如何，环境都是过去。你今天做了一件事自己不知所以，你昨天做了一件事自己也不知所以。这些事情会一直追着你，直到有一天你了解为止。不充分意识到现在，你就无法了解过去的环境。所以，我们的心是过去的环境破坏的，还是现在的环境破坏的都没有关系。有关系的是你应该了解环境，把我们的心从冲突中解放出来。

有人相信“我”从很久的过去就已经生出来，并且会延续到以后的未来。对我而言，这无关紧要，也没有意义。我告诉各位为什么。如果“我”是环境的产物，如果“我”是冲突的本体，那么我们的心关切的必然是没有冲突，而不是冲突的延续。所以，是过去的环境在破坏我们的心，还是现在的环境使它颠倒错乱都没有关系。有关系的是在那种苦的状态中，在那个意识里，在有意识的感觉到苦的当中，有的便是“我”的化解。

这使我们想到“业力”这个观念。各位都知道业力的意思，是你在现在有一种负担，你人在现在，却负担着过去的事情。这就是说，你把过去的环境带到现在，并且，由于这种负担，你塑造未来，控制未来。好好思考一下，你就会知道必然如此，过去使你的心颠倒错乱，很自然地你的未来就受到扭曲；因为，不了解过去的环境，这不了解就延续到今日，因此之故，不了解今日，所以你自然就不了解明日。换句话说，不了解环境或行为的全部意义，使你对今日环境的判断错乱，对今日环境所生的行为判断错乱，接着就使你的明日错乱。人会陷在这种恶性循环当中，从而产生“不断重生”的观念——记忆的重生，环境使我们的心延续而重生。

但是我要说，我们的心可以不受过去的影响，不受过去的环境、过去的阻碍的影响，所以未来也可以不受影响，因为不受过去的影响你就会灵活地、充分地、崇高地活在现在。永恒是在现在。要了解这一点，心必须没有过去的负担。要使心免于过去的负担，就要强烈质疑现在，而不是思考“我”怎样延续到未来。

一九三四年六月十七日　加州奥哈伊

动态的社会

今天我们要来回答问题。

问：自律和克制有什么不同？

克：我认为自律和克制没有什么不同，因为两者都否定智慧。克制比较粗糙，自律比较细致，不过都是压抑。这就是说，克制和自律都是在适应环境，只是一种比较粗糙，一种比较细致。两者都因为恐惧——克制是因为明显的恐惧，自律是源于恐惧失落，源于一种以“取得”表现出来的恐惧。

自律——你所谓的自律——只是在适应我们不完全了解的环境。所以，这种适应必然否定智慧。人怎么会需要自律？人为什么要规定自己，强迫自己学习某种模式？为什么有那么多人屈从于各门各派的戒律，据说是在追求灵性，想要了解，更明白思想？但是你会发现，越是规范我们的心，训练我们的心，我们的心就越狭隘。拜托，我们要以细腻的知觉好好地思考一下这个问题，不要和其他的问题混淆在一起。在这里我用的是问题中的“自律”这两个字。这指的是依照预先设想或设定的某种模式来规范自己，想因而达到或获得这种模式。可是在我看，这个规范的过程，这样一直把我们的心扭曲成符合某一个预先设定的模式，最后必然会折损我们的心。我们的心是真正的智慧，根本不需要自律；因为智慧是从质疑环境，发现环境的真实意义生出来的。这种发现里有的是真正的适应——不是适应某一种模式或状况，而是借了解而适应，因此也就不需要特别适应什么状况。

看看原始人好了。他怎样做事情？他的心里没有纪律，不控制，没有压抑。他想做什么就做什么——这个原始人。换成一个智者，智者也是想做什么就做什么，不过他做得有智慧。智慧不是从自律或克制生出来的。原始人完全在追求欲望，追求目标。智者却是看见冲突，了解欲望的意义。原始人不了解，他想追求什么欲望就追求什么欲望，并因此制造了痛苦。所以，对我而言，自律和克制都是一个样子——都否定智慧。

请各位对我说的“纪律”、“自律”这些话做个实验。不要拒绝，不要说你不能没有自律，否则世界会乱——好像这个世界还不乱似的。但是，同样地，也不要对我的话照单全收，一味地同意。我要告诉各位我实验过一件事。我发现那是真的——自律和克制真的会使我们的心越来越狭隘。自律表示我们的心用一种思想或理想系起来，被一种状况拘束起来，好比动物给人用绳子系在柱子上一样，走动的范围只限于绳子的长度之内。我们的心若是给一种信仰系住，就只能在这个信仰的范围内活动，况且这个信仰也已经因为自律而颠倒错乱。这样的心根本就不是心，因为没办法思考。它有办法在柱子和绳子的长度之间调整，适应，可是这样的心却无法真正地思考、感受。否定思想，否定情感而来规范我们的心，我们的心将因此而残废、颠倒、错乱，所以各位必须观察，必须觉察你们的思想，你们的情感是怎样运作的；不要想去引导它往哪个方向走。要引导它，首先要弄清楚它怎样运作。想改变思想和情感之前，先弄清楚它运作的方式。这样，你就会发现它一直在既有的局限之内调整来调整去。这个既有的局限是欲望和欲望的满足所设定的。要觉察这些东西。觉察力的本身是无所谓纪律的。

举个例子说。假设你有阶级思想，阶级意识，很势利。但你不知道自己很势利，可是你想弄清楚自己是不是。这时你要怎样才弄得清楚？你要意识到自己的思想，自己的情感。然后呢？假设你发现自己果然很势利。这时这个发现就会造成困扰，造成冲突，这个冲突就会化解掉你的势利。可是如果你只是用戒律来规范你的心，要自己不势利，你就会发展出另一种特质和“势利”形成对立。这样的处心积虑——因而虚假——同样有害。

由是，因为我们已经设定了模式、目标，一直——自觉不自觉地——在追求，拿这些模式、目标来规范我们的心，因此必然产生控制、颠倒错乱。但是，如果你能够努力探索那些造成冲突的状况，从而唤醒你的智慧，那么，由于这个智慧是至高无上的，因此一直在动，所以也不会有什么静态的点可以制造冲突。

问：姑且认为“我”是由我们对环境的诸种反应造成的好了。我们有什么方法可以逃脱它的局限，或者我们应该重新定向，避开两个虚妄之间的冲突？

克：首先，你想知道有没有什么方法可以逃脱“我”的局限。为什么？你为什么这么问？拜托，你们为什么老是要问方法，问系统这个东西，这种想要知道方法的欲望表示什么？凡是想知道方法，都代表“逃避”的欲望。你要我讲一个系统出来，然后你就可以模仿。换句话说，你希望有人替你发明一个系统，让你放在制造冲突的种种状况之中，好让你逃脱冲突。换句话说，你只是想调整自己，以适应某个模式而已。这是隐藏在想要有方法、有系统背后的欲望。但愿你们知道生活不是驯心术。想要有方法，基本上就表示想逃避。

怎样才能够重新定向，避开两个虚妄之间不断的冲突？首先，想要避开之前，你有没有觉察到自己置身冲突当中？就算有觉察，你是否只是想逃避，想找一个不会再制造冲突的庇护所，一个不会再制造冲突的安定地区？你是否只是想逃避眼前的冲突，进入一个没有冲突的情况？或者你是不是根本没有觉察，没有意识到自己置身冲突当中。如果你没有觉察到这种冲突，也就是说，如果你没有觉察到“我”和环境之间的斗争，如果你没有觉察到这种斗争，你为何要找什么处方？就让自己没意识好了。让种种状况本身产生必然的冲突，你不要赶在后面，在心里激起原本没有的冲突。你要是害怕失去什么东西，就会刻意激起冲突。可是生命绝不会遗漏你。你要是认为生命会遗漏你，你就不对劲了。你可能很神经质，不正常。

如果你真的置身冲突当中，你不会向我要求方法。我若是给你方法，你只会仿效我订的理想、模式，拿这些理想、模式来规范自己，因此毁掉自己的智慧。可是，如果你真的自觉到冲突，那么在这种意识当中，苦就会变得很剧烈。在这种剧烈、这种强烈之中，你就会化解掉苦的原因。苦，是因为不了解环境。

各位都知道，我们已经丧失了正常、简单、直接生活的感觉。但是，若想回归那种正常、简单、直接，你却不能用方法，不能变成自动机器。不过，我们都认为用方法可以达到具足、稳定、恒常，所以恐怕大部分人都在找方法。对我而言，方法只会使我们停滞、衰退；这和真正的灵性实在没有什么关系。无论如何，灵性都是集智慧之大成。

问：你说个人的生活必须做彻底的革命。但是，如果外在的革命会造成家人、朋友的痛苦，所以他不愿意做外在的革命，那么，内在的革命是否能够使他免于冲突？

克：首先，各位先生，难道你们不觉得个人的生活需要彻底的革命吗？你们也许很满意现状，满意你们的进步观念、进化观念、欲望、渴望，以及时高时低的快乐？但是各位知道，只要你开始思考，开始真正地感觉，你们一定会急切地想要彻底改变，彻底革命，思考的方向完全改变。如果你真的觉得那是必要的，那么家人、朋友都挡不住你。这样的话，也就没有什么外在的革命或内在的革命，有的只是革命，只是改变。但是，如果你说“我不能伤害家人，伤害朋友，伤害法师，伤害我的资本家压榨者、国家压榨者”，从这一刻开始，你就开始设限，于是你就再也看不到彻底改变的必要，反而只想改变环境。这样的想法，唯有昏沉无力而已，从而又造成虚妄的环境，继续延长冲突罢了。

说我们不能伤害家人、朋友，我认为这是虚妄的借口。各位知道，如果一件事情很重要，你就会去做，不会想到家人、朋友，不是吗？这时，你根本不会认为你会伤害他们。那不是你能控制的。你的感觉这么强烈，你的思考这么的完全，因此使你不再受家庭圈子或各类关系的束缚。只有你还执著于某种平安，只有你还缺乏内在的富足，想靠外在的刺激获得内在的富足感，才会考虑家人、朋友、理想、信仰、传统、既成的秩序等等。所以，如果你完整地意识到苦，完整地意识到冲突造成的苦，你就不会再接受任何“正统”、家庭、朋友的束缚。你想了解苦的原因，你想了解制造冲突的环境的意义。这里面就不会有你个人的人格，没有狭隘的“我”的意念。但是，如果你还执著于那狭隘的“我”，你才会考虑你要做到什么程度，不要做到什么程度。

执著于家庭或传统或习惯，当然找不到真理，或者说，当然找不到“了解”的神性。要找到真理，你必须赤裸裸的，不穿戴渴望，不穿戴希望，不穿戴平安才可以。生命的富足就存在于这种直接的单纯当中。

问：你是否可以说明一下，为什么环境从一开始就是虚妄不真实

的？这一切混乱和问题的起源是什么？

克：你认为是什么人创造了环境？是神秘的上帝吗？拜托，等一下！什么人创造了环境？创造了社会的结构，经济结构，宗教结构？是我们自己。每个人都有贡献，最后形成集体的贡献；然后原先共同创造这集体贡献的个人却迷失在集体当中，因为这个集体现在已经变成塑造他的模型，塑造他的环境。由于你想要平安——经济的、道德的、精神的平安，所以你创造了资本主义环境，其中有的是国家的分别、阶级区别、压榨。这就是我们自己——我和你——创造的。这个东西不会奇迹似的突然出现。只要你还在追求平安，你就会再创造出另一种资本主义的、掠夺的制度。你或许会取消目前这一种，但是，只要你还有占有欲，你就会再创造另一种资本主义国家，连带新的一套措辞，一套艰涩语汇。

同理，宗教，包括其中荒唐的仪式、压榨、恐惧，是谁创造的？就是你和我。几千年来，我们创造了这种东西，然后又因为恐惧而向它屈服。是我们个人到处制造了虚妄的环境，然后我们再变成环境的奴隶。而这个虚妄的环境又使我们虚妄地追寻所谓的“我”这个自我意识的平安，于是“我”和虚妄的环境之间就开始不断斗争。

你想知道什么人制造了这个环境以及其中的一切混乱、问题，因为你需要一个救主把你从这些问题当中救出来，让你置身天堂。可是，由于你执著你的所有成见、希望、恐惧、偏好，因而个人制造了这个环境，所以这个环境也应该由你个人去冲决，不要等待什么体制来替你扫除。有什么体制来替你扫除也可以，可是这一来，你只会变成这个新体制的奴隶而已。共产主义体制也可以来替你扫除，然后你就开始讲新的词汇，然而所有的反应都和以前一样，只是方式、节奏不同而已。

就是因为这个道理，所以前几天，我才说如果你是为环境所迫采取行动，就不对了：行动必须是出于了解环境，而后采取的行动才是正确的。

所以，个人必须非常清醒。我向各位保证，如果你很清醒，你个人将创造一种很大的东西，不仅仅是紧抓住因理想而衰退的社会。这一个很大的东西，是一个不断运动的社会，而不是达到颠峰就衰退的社会。个人总是设定目标，追求目标，达成目标，接着就衰退下去。国家也是这样——总是在追求理想、目标。可是对我而言，个人不能只是追求目标，追求颠峰，而是要不断地运动，不断地变。这一来，社会这个自我表现的东西就会不断运动。

问：你觉得业力（Karma）是否就是虚妄的“我”和虚妄的环境之间的互动？

克：你知道 Karma 是梵文，意思是行动，做，工作，但也表示因果。现在 Karma 一字则代表束缚，代表由环境所生的反应。这个环境是我们的心所不了解的。昨天我说过，我们如果不了解一个状况，那种不了解很自然就会变成负担，背在我们心里。我们在不了解之下运作，行动，因而制造了更多的负担，更多的束缚。

所以，我们必须弄清楚什么东西造成了这种不了解，什么东西在妨碍个人了解环境——不论是过去的环境，还是现在的环境——的全部意义。但要发现环境的意义，我们的心必须毫无成见才可以。可是要毫无偏见、性情、扭曲，真是最难的一件事。要以全新的开放之心直接看环境，需要极大的知觉。大部分人的心，因为虚荣，因为想让人看得起，因为想获得真理，因为想逃避环境，因为想扩展自己的意识——只是他们给它很有灵性味道的称呼——因为民族的成见，所以都非常偏颇。这一切欲望，使我们的心无法知觉环境的全部意义。既然大部分人的心都充满成见，所以我们要去掉自觉的东西，第一个就是我们本身的局限。一有了自觉，这自觉里面就开始有冲突。你一了解自己太骄傲，太自满，在这种自觉的意识中，这个骄傲，这个自满就开始化解，那是因为你自觉到它的谬误的缘故。但是如果你去掩饰你的骄傲、自满，它就会制造更多的疾病，更多虚妄的反应。

因此，若要活在当下的每一刻，而没有过去或未来的负担，没有因为不了解环境而产生的令人瘫痪的记忆，我们的心就要全新地接触事物。背着“肯定”的负担，背着知识的自满接触生命真是可悲，因为无论如何，知识终究是过去之物。但是如果能够以清新的气息接触生命，你就会知道什么叫做活着而没有冲突，什么叫做活着而不必使劲地用力。然后你就会随着生命的洪流航至远方。

一九三四年六月十八日　加州奥哈伊

活在大喜悦之中

对我而言，有一个实相，一个巨大的生活真理，要了解这个真理，思想必须绝对的单纯。单纯者无限精妙，单纯者极度纤细。极度的精妙，无限的精妙与纤细。因此，如果你把文字的意义当做桥梁，文字就不会变成妄相，使心迷失在里面。

我说，有这样的一个生命的实相，叫它上帝，叫它真理，叫它什么都可以，但就是追寻不来。一有追寻的意味，就必然有对比和二元对立。心在追寻，就必然会有分裂、区别、对立。但这不是说我们的心可以就此满足，停滞在这里。有一种纤细的静，但那却不是满足。那种不停的努力也不是出于追寻，出于“达到”的欲望，“成就”的欲望。那种纤细的静里有的是单纯——不是财产不多，衣服不多的单纯。我说的不是这种单纯。这种单纯比较粗糙。我说的是因为思想的纤细而生的单纯。这种纤细的思想既不追寻，也不满足。

刚刚说追寻意味着二元对立，意味着对比。有二元对立，有对比，就必然会和二元之一合一，从这里便产生了强迫。我们说我们在追寻的时候，我们的心便是排拒一物，同时寻求另一物以代替之。于是从这里便制造了二元对立，便产生了强迫。换句话说，选择其一，便是压制另一，不是吗？

我们说我们在寻找或培养一种新的价值观时，其实只是在克制另一种我们的心已经陷在其中的价值观。两者互相对立。这种选择是基于喜欢其一或害怕另一。但这样因喜欢而执著，或害怕而排拒，就对我们的心造成了影响。受影响就会否定了解。“影响”这一回事，只有在有所分别的情形下才会出现。这种分别是指心理上的分别，阶级、民族、宗教、两性的区分就是由这种分别产生的。换句话说，我们的心想要压制什么东西时，必然会制造出二元对立。这种二元对立便会否定了解，制造出种种区分。这种二元对立影响了我们的心；受二元对立影响的心，便无法了解环境的意义，或冲突成因的意义。这种心理上影响我们的心的东西，无非就是从“我”这个意识、好恶、正反等这一中心对环境产生的反应。有正反、对立之处，自然就无了解可言。从正反、对立这种区别产生的，就是将影响分为有益的或邪恶的。我们的心只要受到影响——因好恶、对立、正反而产生的影响——就必然会有爱、知识、社会等各方面的支配或强迫。这种影响必然变成阻碍，使我们无法了解环境。然而了解却是美、真理、爱。

但是，如果你能够觉察到这种影响，你就能够分辨冲突的成因。只是大部分人都只能觉察其表面，无法觉察其最深之处。但是，我们唯有觉察意识最深之处，觉察思想和情感最深之处，才能够分辨因为受影响而产生的分裂。

问：听你谈记忆以后，我已经失去了我所有的记忆。我发现我已经忘了我还欠人家很多钱。我觉得很幸福。这是不是解脱？

克：这恐怕要去问你的债主。我说的这些记忆的事情恐怕有些混淆了。如果你依靠记忆作为行为的指南，作为行动的手段，那么记忆就会妨碍你的行动，你的行为，因为这时你的行为只是思考过后的结果，因此不再是自然流露，不再丰富，不再充满生命。但这不是说你要把你的债务忘掉。你没办法把过去的事情从心里抹掉。那是不可能的。它会存在于潜意识里。这个潜意识的、潜伏的记忆如果不知不觉间影响你，塑造你的行动，你的行为，你的一生的远景，那么这种影响必然会一再制造束缚，一再替智慧的运作增加负担。

譬如说，我最近才从印度回来，去过澳洲、纽西兰，见了很多人，听说了很多观念，看了很多风景。这些我不可能忘记——虽然可能会渐渐淡忘。但是从过去事物所生的反应会妨碍我完整了解现在，阻碍我的心智慧的运作。换句话说，如果我过去的经验和记忆，因为其反应，而变成现在的阻碍，那么我就不可能完整地、充分地了解现在，活在现在。

你之所以会借过去的事情生出反应，是因为你的现在已经失去意义，或是你想逃避现在。因为现在已经没有什么价值，所以你就回到过去，活在当时的情感，当时的记忆之中。所以当你说“我已经失去了我所有的记忆”时，恐怕你大概只适合某一个地方了。你不可能失去记忆，可是你可以完整地活在现在，充分活在当下这一刻，意识到潜意识里所有纠缠的记忆，潜存的希望、渴望。你若没有完整地活在现在，这些事都会冲到前面来，阻碍你现在智慧的运作。但是，如果你觉察到这一点，觉察到这种阻碍——不只觉察其表面，而且觉察其深度，那么，潜意识里潜存的记忆——也就是对生活的不了解，生活的不完整——就会消失，于是你便看见环境的每一次运动，看见每一个稍纵即逝的意念，而且是全新的看见。

问：你说，了解个人的内外在环境会使人脱离束缚和哀伤。即便真是如此，一个人要是失去他的挚爱，就这种事情的本质而言，他怎么可能没有那不可言宣的悲伤？

克：以你说的这个例子，苦的原因在哪里？我们所谓的苦又是什么东西？苦难道不是我们的心受到惊吓，因而发觉自己的不足吗？认识到这种不足，因而制造了我们所谓的悲伤。假设你一直依赖你的儿子，你的先生或你的妻子来补偿这种不足，然后有一天，你失去了你挚爱的这个人。这种失去制造出来的，就是你完全意识到自己的空虚，自己的空洞。这样的意识就会产生悲伤，于是你就说："我失去了挚爱的人。"

因此，从这个人的死——首先——产生的就是你完整意识到空虚。这个空虚是你一直努力在逃避的。就是这样，有依赖就会空虚、浅薄、不足，从这些又产生悲伤、痛苦。可是我们不愿意承认这一点，我们不了解这才是根本的原因。于是我们就说："我想念我的朋友，我的先生，我的妻子，我的孩子。我要怎样克服这种失落，这种悲伤？"

不过，凡是克服皆属于代罪羔羊。这种克服没有"了解"这回事，只有更加悲伤——虽然，你可以暂时找代罪羔羊，使你的心完全昏睡。如果你不是想办法克服，可能就换成找灵媒招魂，要不就是想办法找科学的证据，证明人死后仍然存在。如此这般，你开始找各种代罪羔羊，各种逃避的手段，暂时解除了痛苦。可是，如果这种克服的欲望能够止息，如果你真的想了解——想弄清楚，根本地弄清楚——痛苦和悲伤的原因，那么你就会发现，只要有孤单、浅薄、空虚、不足——形诸外即成依赖——就必然有痛苦。可是，这种空虚却不能用克服障碍，用代罪羔羊，用逃避或累积来填补。累积只是心迷失在追求所得时耍的诡计。

苦只是高度清晰，极度清晰的意念和感情，要迫使你承认事情的真相而已。但这不表示你只能接受，退缩。从真理之镜——也就是智慧——看到事情的真相，你会有一种欢喜，一种喜悦。这里面没有二元对立，没有失落感，没有分裂。我向各位保证，这绝不是理论。好好思考一下我的话，好好思考我对第一个关于记忆的问题的回答，各位就会明白记忆一直在制造日益严重的依赖，从感情上一直回顾过去的事情，一直在借过去的事情产生反应，于是妨碍了智慧在现在完整的表现。

问：对苦于强烈性欲的人，你有什么建议或忠告？

克：无论如何，由于生活没有创造的表现，所以性才会变成过度的重要，因而变成棘手的问题。所以，问题不在于我可以提出什么建议或忠告，怎样可以克服激情、性欲，而是怎样过创造的生活，不要只处理性这个问题，因为这只是生活的一部分。我们的问题是怎样了解生命的整体，生命的全体。

由于现代教育，由于环境的关系，你们都被迫做自己不喜欢的事情。你很厌恶，但因为你没有适当的工具，没有适当的训练，所以你不得不做。你在工作中深受环境和各种状况的阻碍，无法根本地、创造地表达自我。所以你必须找出口。结果这出口变成了性问题、酗酒问题，变成了某种愚蠢的、空洞的问题。所有的出口都变成了问题。

又或者你有艺术上的爱好。真正的艺术家不多，但你有这一方面的兴趣，可是这个兴趣却一直受到扭曲、顿挫、颠倒，所以你也无从真正地表现自我，于是性或宗教就变得过度重要。于是你有了性问题或是宗教狂。你也可能因为野心受到顿挫、抑制、阻碍，所以这些原本正常的东西在你也变成了问题。因此，除非你能够了解自己宗教、政治、经济、社会等各方面的欲望，了解这些事情所受的阻碍，否则生活的自然机能就会变得过度重要，变成生活中的首位。由这里，贪婪、占有、性、社会、种族等等，那么多数不完的问题，就会显出虚假的规模，虚假的价值。但是，如果你能够好好处理一下生活，不是处理其中一部分，而是用智慧创造性地了解整体，这样，这些令你的心软弱无力，破坏你的创造性生活的东西就会消失不见，智慧恢复正常的运作，这里面就有喜悦。

问：我一直有一个印象，就是我自己努力在实践你的观念，可是我并不喜欢，事实上我也不热衷追求什么东西。我努力追求觉察，然而还是弄不清楚我的问题，我的生活没有什么改变，也没有产生什么生命力。我的生活比起七年前开始听你讲话时，也没有更具意义。我到底怎么搞的？

克：首先，我不知道这位提问者努力实践我的观念时，是否真的已经了解我的观念。但是他为什么要实践我的观念？我的观念又是什么观念？这些观念又为什么是我的观念？我不会给你们一个模范，一个法典，让你们照着生活。我也不会给你们什么体系，让你们遵循。我能说的只是，要活得有创造，活得热诚、明智、有活力，智慧必须产生作用才行。但这个智慧却受到了我们所谓记忆的阻碍、颠倒。这一点我已经说过，不想再重复。但是，只要还有这种想要有所成就的斗争，只要我们的心还受到影响，就必然有二元对立，从而产生挣扎、痛苦。我们追求真理或实相，其实只为了逃避这种痛苦。

所以，我才说你们要觉察到你们的努力，你们的挣扎，你们的记忆都在破坏你们的智慧。要觉察，并非只在皮毛上有意识而已，而是要深入意识的最深处，不遗漏任何一个不自觉的反应。我们必须有思想才可以办到；我们的脑和心必须有转变，不能还是那一个充满信仰、信念、理想的脑袋。大部分人的脑袋都背负了这些东西，都有“追随”的欲望。但是，你意识到自己背负的这些东西的时候，千万不要说我不可以有理想，我不可以有信念。因为这个“不可以”会制造出另一个教条，另一个信念。你只要有自觉就可以了。这种强烈的自觉，这种强烈的觉察，这一把火焰自然会制造一个大危机，大冲突，然后这个大冲突自然就会把阻碍冲垮。

我知道有些人每一年都来。但是这些观念，我每一年的解释方法都不一样。然而我想那些说“我听你说话已经听了七年”的人恐怕是没什么思想的。我说的思想指的不是智力的理解。智力的理解不过是灰烬而已。我说的思想只是感情和理性之间，情感和思想之间的一种宁静自持。这种宁静自持不受两相对立之物冲突的影响、感染。但是，如果一方面没办法清晰地思考，一方面又没有强烈的感情，你怎么可能觉醒？怎么可能宁静自持？怎么可能有这种转变，这种觉察？这一来生活就会变得徒然、愚蠢、毫无价值。

因此，如果可以的话，我要建议的第一件事，就是弄清楚你为什么会依照某种方式思考，依照某种方式感觉。不要改变你的思想，你的感情，也不要分析，只要想清楚自己为什么会按照某一种轨迹思考事情，自己的行为是什么动机。分析也可以了解行为的动机。分析可以弄清楚一些事情。不过却可能不是真的。你只有在当下的一刻，强烈地觉察到自己思想和感情的运作，你的了解才会是真的。这时，你就会看到思想和感情极度的精细，极度的微妙。你只要还有所谓的“必须”，所谓的“不可以”，在这种强迫之中，你就看不到迷乱奔窜的思想和感情。我相信你们就是在“必须”和“不可以”的学校长大的，所以你们早就在把思想和感情给毁了。你们早就深受体系、方法，还有老师的束缚与残害。所以，你们要把这些“必须”、“不可以”丢掉。但这不是说你可以随随便便，而是说你要觉察到你的心一直在说“必须”这样，“不可以”那样。这样，智慧就会像黎明前花朵开放一样，开展出来，运作，创造出了解。

问：有时候有人说艺术家就有你说的这种了解，至少在他们创作时是这样。然而要是有人打搅他或妨碍他，他的反应却可能很粗暴，但又把自己这样的反应归之于气质使然。他显然没有完全活在当下这一刻。如果他这么容易就退转到自我意识里面，他是真的了解吗？

克：你所谓的艺术家是什么样的人？暂时在创造的人吗？对我

而言，这个人不是艺术家。这个人很少有创造的冲动。而且，以完美的技巧表现这种创造，你当然不会称他为艺术家。对我而言，真正的艺术家活得很完整，很和谐，不会把艺术和生活分开。他的生活就是他的艺术表现——不论那是绘画，是音乐，或者只是自己的行为都一样。他不会把他在画布、音乐、石头上的表现和日常生活、日常行为分开。这需要最高的智慧，最高的和谐。他可以表现在画布上，可以用讲的，用画的，用感觉的，但也可以都不表现。但是这一切都需要极度的宁静自持，需要完整的觉察。因此，他的表达不会和日常生活有分别。

一九三四年六月二十九日　加州奥哈伊

做一个真正的人

对我来说，我们所谓的幸福或大喜悦，即在于创造的思考。创造的思考就是思想、感情、行动无限的运动。这就是说，思想——亦即感情，亦即行动自身——运动时不受阻碍，不受某一观念强迫、影响、拘束，也不从传统或习惯形成的背景出发。这时，它的运动就是创造的运动。只要思想——我不要再重复提到感情的行动——只要思想受到固定观念的限制、束缚，一味地适应于某种背景或环境，因而变得很狭隘，这个思想就不是创造的。

所以，每一个会思考的人应该问的问题就是，他要怎样才能唤醒创造的思想。有创造的思想——这种无限的运动——就不会有束缚、冲突。

这种创造的思想，其运动形之于外时，并不会想要表现结果、成就。它的颠峰不在于结果、成就。这种运动没有颠峰，没有目标，因为它是永恒的动。大部分人的心都在追求颠峰、目标、成就，以“成功”这种观念来塑造自己。这种思想，这种思考一直在束缚自己。但是，如果不怀抱“成就”这种观念，让思想作为了解、作为智慧而永远运动，这种思想的运动就是创造的运动。换句话说，如果我们的心因为受到影响而时常调整，或者像绑在柱子上的动物一样，在我们不了解的传统观念形成的背景之下运作，我们的心将因此受到残害，那创造的思考也将跟着停顿。只要有这种束缚，这种调整存在，就不可能有创造的思考，不可能有智慧。但智慧就是自由。

思想的这种创造运动从不寻求结果或颠峰，因为结果和颠峰常是静与动交互出现而产生的。思想如果不寻求结果,但只有永远的动，就是创造的思想。

同理，创造的思想是整体的、不分割的。分割会制造思想、感情、行动三者的冲突。一追求目标，一有调整的动作，一满足于“肯定”，就会有分割。

我说过，行动就是本身即是思想亦是感情的运动。个人和社会的关系就在于这种行动。这种行动在于行为、工作、合作，我们称之为具足。换句话说，我们的心在运作，可是不追求颠峰、目标，因而是在创造地思考；这样的思考就是行动，而行动就是个人与社会的关系所在。这种思想的运动，如果很清楚，单纯，直接，自然流露，深刻，那么个人和社会之间就不会有冲突，因为这时的行动，正是思想的创造运动形之于外的表现。

所以对我而言，无所谓思考的艺术，只有创造的思考。没有思考的技巧，只有智慧自然流露的创造运作，而智慧即是理性、感情、行动三者合一，绝不分家。

这种思考，这种感觉，不追求回收，不追求结果，所以是真正的实验，不是吗？真正的体验、真正的实验是不寻求结果的，因为这种实验是创造性思想的运动。要实验，心就要挣脱环境，别在运动中和——我们称之为“过去”的——环境冲突，想追求回收，追求目标——心一受到这种追求的阻碍，就不可能有创造的思考。

脑和心只要想追求结果，追求目标——也就是自满和停滞——

就必然产生一种实行，一种克服，一种纪律，并由此产生冲突。大部分人都认为，观念的实践可以唤起创造的思考。可是，你只要用心观察，用心思考，就会发现实行无非就是二元对立的结果。由二元对立产生的行动，必然使脑和心一直分裂，这样的行动也只是计虑之后，逻辑的，意图保护自己的结论形之于外而已。既有这种自律的实行，或者说，既然一直受环境的支配，影响，那么这种实行也只是朝向结果而去的转变、变化而已，只是你们所谓的“自我意识”这种狭隘的思想之内的行动而已。所以，实行并不能给我们创造的思考。

要能创造思考，就要使脑、感情、行动三方和谐。这就是说，如果你相信你必须采取某种行动，但你并没有要求最后必须有回收，那么，这种行动，由于是智慧的产物，就会解除思想因为不了解而遭遇的障碍。

脑和心如果受制于恐惧，受制于不了解，受制于强迫，这样的心，虽然可以在那个恐惧的范围和限度之内思考，却不是真正的思考，因此它的行动将一直制造新的障碍，它的思考能力也将因此一直受到限制。但是，如果心能够从了解环境而自我解放，然后采取行动，这个行动就是创造的思考。

问：你能不能举例说明日常生活中实际不变的觉察与选择？

克：如果你的房间有一条毒蛇，你会不会问这个问题？如果你房间有一条毒蛇，你就不会问“我怎样保持清醒？怎样保持极度的清醒？”你问这个问题完全是你不知道你的房间有毒蛇。你要不就完全不知道，要不就是你想和毒蛇玩，想享受它给你的痛苦与快乐。

请听我说。我们的心只要还陷在痛苦与快乐之中，就不可能有觉察，思想和感情就不可能警觉。这就是说，如果一件事给你痛苦同时又给你快乐，你根本对它无可奈何。你只有在痛苦大过快乐时，才会有所行动。可是如果快乐大过痛苦，你根本不会采取什么行动，因为这时没有重大的冲突。你只有在痛苦超过快乐，痛苦比快乐强烈时，才会要求行动。

大部分人都是等痛苦加深之后，才会行动。但是在这个等待的期间，他们想知道怎样觉察，却没有人告诉他们。他们都是等待痛苦加深之后才会行动。换句话说，他们都在等待痛苦强迫他们行动。强迫自然没有智慧可言。强迫他们行动的不是智慧,而是环境。所以,我们的心只要还陷在这种停滞,这种松弛里头,痛苦自然就越来越深,冲突就越来越大。

以目前政治的事情来说好了，战争可能再度爆发，也许两年，也许五年，也许十年。一个有智慧的人会看到这一点，并且采取明智的行动。可是一个人如果停滞了，他会等待痛苦来强迫他行动，所以他会期待更混乱的情势，更大的苦让他行动，让他采取行动。因此，他的智慧根本没有在运作。然而，觉察却是必须我们的脑和心紧张起来，处于巨大张力之下才会有的。

譬如，你发现占有欲必然造成不足感，而不足、贫乏、浅薄又必然造成依赖。你认识了这一点之后，你的脑，你的心会怎样？你会马上去填补这种浅薄。除此之外，你还会发现不断累积其实徒然无用。于是，你开始觉察到你的心怎样运作。你发现纯然的累积不会有创造的思考，但是你的心又一直想要累积。觉察到这些，于是你产生了冲突，这冲突就会把累积的原因消除掉。

问：政治家要是了解你的话，他要怎样表现在公共事务上？可是如果他了解政治的虚妄基础和目标，他不是反而比较可能退出政治吗？

克：如果他了解我的话，他就不会把政治从完整的生活分开。我不明白他为什么要退出政治？因为，无论如何，政治于今不过只是压榨人民的工具。可是如果他了解生命是完整的，不是只有政治而已——这里的政治指的是他的国家，他的人民，加上压榨别国人民——如果他认为人类的问题不只是一国的问题，不是美国的问题，印度的问题，德国的问题，而是人类的问题，那么，如果他了解我的话，他将是真正的人，而不是政治家。对我而言，做真正的人是最重要的，不是做压榨者，做某一行的专家。我觉得最伤的地方就是这里。政治家只处理政治问题，道德家只处理道德问题，灵性导师只处理灵性问题，每个都觉得自己是专家，都排斥他人。我们的整个社会结构就是建立在这个上面，所以这些各方面的领袖一直在制造更大的动乱、苦难。可是，我们身为人如果看清了这一切的关联，看清了政治、宗教、经济、社会等之间的关联，我们就不会再分门别类地思考、行动，个别地思考、行动。

譬如，印度有几百万饥民。印度的国大党员说“我们必须先有坚定的民族主义，才能解决饥饿的问题”。可是在我看，要解决饥饿问题却不是变成民族主义者，反而饥饿是世界的问题。变成民族主义者这个孤立的过程，反而会使这个问题更加严重。因此，这个政治家如果完全以政治家的手腕，处理人类生活的问题，那么这个人只会制造更大的动乱，更大的灾祸。可是，如果他看待生命的整体能够不分种族、国家、阶级，那么虽然他是政治家，却是真正的人。

问：你说只要有两三个人了解，你就可以改变世界。有很多人自认了解，有很多人，例如艺术家、科学家都自认了解，可是这个世界并没有改变。请说明一下你改变世界的方法。你现在不就在改变世界吗？虽然可能很慢，很细微，可是不正在很明确地经由你的话，你的身教，加上你未来肯定对人类思想一定会有的影响，正在改变世界吗？你心目中改变世界的方法是这样，还是另有立即影响政治、经济、种族结构的方法？

克：我恐怕从来没有想过立即的行动，立即的效果。行动要有永久的，真实的结果，背后必须要有清楚的观察、思想、智慧。但是愿意创造性思考的人实在太少了，能够不受影响，免于偏见的人实在太少了。如果你能够独立地思考，自然就能够很明智地与人合作。只要缺乏智慧，就不可能合作，有的只是强迫，有的只是因为强迫而动乱。

问：人能够控制自己的行动到什么程度？如果我们不管什么时候，都是过去一切经验的总和，没有灵性的自我，那么人除了由他的传承，他过去的一切训练所决定的行动之外，除了当时他承受的刺激因素之外，是否可能另外有所行动？如果有的话，是什么东西造成实际过程的改变？又是怎么改变的？

克："人能够控制自己行动到什么程度？"人如果不了解环境，就无法控制自己的行动。这时他只有被迫行动，受环境影响而行动。这种行动完全不是行动，而是反应，是保护！

"如果我们不管什么时候，都是过去一切经验的总和，没有灵性的自我，那么人除了由他的传承，他过去的一切训练所决定的行动之外，除了当时他承受的刺激因素之外，是否可能另外有所行动？"

同理，我刚刚说的话，这里同样适用。如果，他只是从他背负的过去采取行动，那么，不论这过去的东西是个人传承的还是种族传承的，他因此而采取的行动，都是出于恐惧的反应而已。但是如果他能够了解自己的潜意识，也就是说，了解自己过去累积的东西，那么他就能够挣脱过去的东西，因而不为环境所迫。

无论如何，环境有现在的环境，也有过去的环境。一个人不了解现在，是因为他的心被过去的事情遮蔽。所以，要使我们的心挣脱潜意识的指使，挣脱过去一切的阻碍，就不是回溯过去的记忆，而是要完全自觉现在。在这样的意识中，在这样完全的现在意识中，过去的事形成的阻碍就会动起来，浮现出来。这样的浮现，如果你有所觉察的话，就会发现过去种种全部的意义，因而了解现在。

“如果有的话，是什么东西造成实际过程的改变？又是怎么改变的？”就我所了解，这位提问者是想知道什么东西产生这种行动，产生环境强迫他采取的行动。他为环境所迫采取某种行动。但是，如果他能够明智地了解环境，就不会有什么强迫的行动；他有的只是了解，这个了解就是行动。

问：我活在一个混乱的世界，政治、经济、社会都很混乱。法律和习俗老是在限制我的自由。如果我的欲望和这些禁制冲突，我要不就是违反法律，然后接受后果，要不就是压抑自己的欲望。活在这样的世界，我们哪有可能免于自律呢？

克：自律是从冲突产生的，只是在适应环境。我称这个为自律。你建立了一个模式，一个理想，产生强迫的作用，然后你强迫你的心适应环境——你强迫你的心，修改你的心，控制你的心。结果呢？结果你毁掉了自己的创造力。你压抑，你颠倒了自己创造的情感。但是如果你开始了解环境，你就不会再压抑，也不会只是在适应环境——也就是不会有你所谓的自律。

要怎样才能够了解环境？要怎样才能够了解环境的全部价值与意义？阻碍你看清其意义的是什么东西？首先，那是恐惧。恐惧就是我们追求保护，追求平安——不管是身体的平安，灵性的平安，宗教的平安，感情的平安都一样——的原因。只要会追求这些东西，就必然有恐惧。恐惧会制造你的心和环境之间的障碍，因而造成冲突。这个冲突，只要你想的是适应、修正，而不是寻找恐惧的真正成因，就无法化解。

所以，只要是在追寻平安，追寻肯定，追求目标，因而使创造的思考颠倒错乱，就必然有你所谓的自律这种适应行为。但这种适应行为其实只是被迫，只是仿效某一模式。但是，如果你的心了解累积事物或知识并无平安可言，那么，你的心就会挣脱恐惧，因而变成智慧自身。智慧是不需要自律的。没有智慧才会有自律。有智慧，就有了解，就不受影响，不控制，也不支配。

问：在机械论里，了解抽象观念的能力是必要条件，可是，怎样在没有抽象理解力的有机体里面唤起思想？

克：很简单，用苦的过程，用经验持续的过程。可是各位看一看，我们躲在种种虚妄的价值观后面已经太久，根本已经不再思考。然而现在却问说“我们该怎么办？我们怎样才能唤醒思想？”我们酝酿种种恐惧，把这些恐惧推许为德行，推许为理想，然后躲在这些德行、理想的后面，从这个庇护所，从这个模型采取一切行动，所以我们根本没有思考。你们有种种既成的俗套，然后你们把适应这些俗套称之为思想和行动。可是这些思想和行动根本不是思想和行动，因为这些思想和行动是由恐惧产生的，所以也残害了我们的心。

怎样才能唤醒思想？环境、挚爱的人亡故、灾祸、忧愁都会使你陷入冲突。外在的环境强迫你行动，这种强迫就不可能唤醒思想，因为你是由于恐惧而行动。可是如果你开始了解不能坐待环境迫使你行动，你就会观察环境的本身，看清楚环境，了解环境。你不会坐待环境迫使你做有德之人，而是你解放自己的心，不再占有，不再接受强迫。

占有性的体系都是建立在“你可以占有，占有是合法的”这种观念之上。占有使你有面子。你占有越多，人家越认为你好，你高贵。你制造了这样的体系，然后你自己也成了这个体系的奴隶。你也可以创造另外不是建立在“占有”上面的社会，但还是有它的俗套，那么这个社会必然还是会强迫你符合它的俗套，就好比原来那个社会强迫你符合“占有”的俗套一样。这有什么差别？根本没有差别。

你身为个人，只不过为环境所迫，为法律所迫，往某一个方向采取行动，所以这里面毫无创造的思考可言。可是如果你的智慧在运作，那么你就不会成为社会——不论占有或不占有的社会——的奴隶。不过，要使我们的心自由，动作一定要大才可以。要永远的戒慎、观察。戒慎、观察都会造成冲突，造成骚乱。然后，因为有这样的冲突，这样的危机，于是我们的心——如果不逃避的话——就会开始全心地思考，创造地思考。这样的思考即是永恒。

一九三四年六月三十日　加州奥哈伊

敏于真理

我觉得大部分人都已经失去聆听的艺术。他们带着他们的问题来这里，心想只要听我讲话，他们的问题就会迎刃而解。我想恐怕不是这样。但是如果各位了解聆听的艺术，你就会开始了解整体，你的心就不会纠结在个别的问题上。

因此，如果可以的话，我要建议各位，不要试图用我的话解决你们的问题，解除你们的苦恼。只有你们自己能够全新地、创造地思考，我才能帮助你们，或者说正确点，你们才能帮助自己。看待生命必须整体地看，不能只看个别的问题，不能为了寻求解决问题的方法，而使你的心窒息。只要你们不背负着问题来听，你们就会看到你们的问题有了新的意义。这时你的问题当然不可能马上解决，不过你却会开始看到问题的成因。重新学习思考，重新全新地思考，就会化解问题和冲突。否则我们的心就永远充满冲突，因而产生种种失调、痛苦、折磨。

每个人，多多少少，都有欲望。欲望的目标随个人的环境、气质、传承而定。根据你的教育，你的宗教、社会、经济各方面的教养，你建立了一些目标，然后不停地追求。这种追求成了你生活的最高任务，成了你达成目标的手段。

你必须有专家来帮助你，达成从宗教、经济、社会的制约建立的目标。因此，你的行动失去了意义，失去了价值，因为这时你关心的只是达成目标，而不是智慧——亦即行动——的圆满具足。你关心的是达到，不是具足的本身。你的生活变成完成目标的手段，生命变成学习完成目标手段的学校。行动因此变成媒介，你要从这个媒介达成你在各种环境和状况下建立的目标。生命变成了充满冲突、斗争的学校，里面没有什么具足、丰富、完整可言。

于是你就问了：生活的目的、生活的目标何在？大部分人都会这样问。现在在这里的人，大部分心里都有这样的问题。那么，何谓生活？何谓目的？何谓目标？你只关心目的，关心目标，却不关心活在现在。可是一个人若是具足，他绝不会探索目的，因为具足的本身已经足够。但是因为你不知道怎样才能具足，怎样才能活得完整、丰富、充分，于是你开始探索目的、目标。你认为这样就可以会见生命，知道生命的目的——至少你认为你会知道生命的目的。然后，因为知道生命的目的，你就想用经验作为手段，完成这个目的。于是生命变成了媒介，变成了手段，变成了达成目标的一种价值。

也许自觉，也许不自觉，也许私底下，也许公开，我们开始探索生命的目的。每个人都从所谓专家得到一种答案。艺术家，你问他生命的目的是什么，他就告诉你生命的目的是用绘画、雕塑、音乐、诗表现自我。经济学家，你问他，他就说，生命的目的是工作、生产、合作、共同生活，团体或社会运作。宗教家，你问他，他就说，生命的目的是追寻上帝，体现上帝，按照导师、先知、救主订定的律法生活，体现真理，也就是体现上帝。每个专家都会给你一种答案，然后，按照你的气质、幻想、想象，你开始建立这些目的、这些目标、这些理想。

但这些理想、这些目标只是你的避风港而已，因为，你只是利用它们在混乱中引导你，保护你。你用这些理想来衡量你的经验，探索环境中的种种状况。你并没有想要了解，想要具足，只想探索环境存在的目的。你依照自己所受的制约，自己先入为主的观念，找到环境的目的。你因此避开了生活中的冲突，可是却没有了解环境。

我们的心就这样把生活分成了三个部分，一个是理想、目的、颠峰、成就、目标，一个是混乱、冲突、骚乱、失调，再一个就是你、你自己、自我意识。你陷在混乱中，经由混乱、冲突、骚乱——这些东西其实都是哀伤——你努力转向一个目的、一个目标。你在混乱中向着这个目标，这个目的，这个避风港，这个理想跋涉，挣扎，前进。但是这些理想、目标、避风港都是经济、宗教、灵性各方面专家设计的。

如此这般，你一方面奔走于种种状况和环境之间，一方面又在追求理想、目标时制造了冲突。会探讨生命的目的，本身就表示当下的现在缺乏智慧。然而，充分行动的人——不是大部分美国人那种迷失在活动中的行动，而是理智上、感情上充分的行动，完全的活着——却是本身已经具足。所以，探讨目的是没有用的，因为这个世界并没有所谓目的这种东西，也没有开始这一回事，有的只是不断的创造思考。你们所谓的问题，其实是在混乱中向颠峰跋涉所产生的东西。换句话说，你们只关心怎样克服混乱，怎样适应环境，以便达成目标。你的一生都在关心这种事，不关心自己。你不关心自己，只关心混乱，只关心怎样通过混乱，克服混乱，支配混乱——也就是怎样逃避混乱。你想完成最完美的逃避，也就是理想；你想完成最完美的躲藏，也就是所谓生活的目标。但这些，其实都只是在逃避眼前的混乱而已。

你想克服，想支配，想逃避，想达成什么最后的目标，就会寻求体系及其领袖、导师、老师、专家。可是在我看，这些人都是压榨者。体系、方法，还有这些体系的老师，连带其中的种种竞争、引诱、承诺、欺诈创造了所谓的宗派、教派。

这就是目前的情形。你想追求结果，追求成就，想克服混乱，却不考虑“我”，不考虑“我”这个意识，不考虑你有意或无意追求的目标，自然就会制造压榨者——过去的压榨者，或现在的压榨者都一样——陷在他们的琐碎、嫉妒、纪律、失调、分裂当中。所以，一心只想通过混乱，就会 直制造问题，因为你没有考虑到你自己和行动的方式，只想以混乱为手段，完成目的。

但是对我而言，这个混乱，这个目标，这个“我”其实都是同一个东西，彼此并无分别。你的分别是造作的分别，是因为你想有所得，是因为不足而贪婪地追求累积造成的分别。

由于自觉到空虚，自觉到浅薄，于是开始明白自身思考和感情的不足。这样又从意念里生起“累积”的想法。从“累积”的想法又生起“我”这个意识和目标之间的分别。但是在我，我刚刚说了，这种分别事实上是没有的，因为，你们本身若是具足了，那么从那具足的一刻起，就再也没有行动和行动者，有的只是思想创造的运动。思想的创造运动不追求结果，所以是永远的活。永远的活就是不朽。

可是你们却把生命分割了。我们且来看看“我”这个行动者，这个观察者，这个冲突的中心到底是什么东西。这个冲突的中心无他，其实只是一长串的记忆而已。这个“我”是一串记忆，其中有很多的重点，这些重点或凹点我们称之为情意丛。我们的行为就是从这些情意丛出发的。这就是说，我们的心自觉到不足，因而想要有所得，所以制造了分别和分裂。这样的心就没办法了解环境，因而只好依赖记忆的累积来引导它。记忆就是累积一连串的东西，产生引导的作用，把我们引向一个目标。记忆的目的就在这里。记忆缺的就是了解——如此这般形成了你的背景。你的行动就是从这样的背景出发的。

这个记忆产生了引向目标的作用。然而，这个目标由于是预先设定的，因此实际上只是你保护自己的避难所。这个避难所就是你称之为理想、成就、真理、上帝或完美的那些东西。出发与目的，“你”与目标，都是这种保护自己的心产生的东西。

我说过，我们怎样会有保护自己的心——保护自己的心是因为觉察或意识到空虚或空洞而产生的。所以它会开始用成就、“获得”这样的观点思考，开始运作，把生命分割开来，束缚生命的行动。目的、“我”都是这种保护自己的心的产物。混乱、冲突、失调即是保护自己的过程，即是从这个——精神上，经济上——保护自己的过程产生的。

因为你要依赖累积致富，了解，具足，圆满，所以你追求精神和经济的平安。所以你在精神和经济世界都变得很狡猾，因为这两个世界都在追求保护自己的力量。每一个人都在极力保护自己，所有的目标、手段、“我”无非都是保护自己的过程。那么这个保护自己的过程会产生什么结果呢？这个过程会产生我们与环境——我们所谓社会——的冲突。面对集体、团体、社会，“我”极力地保护自己。

可是倒过来就不是这样了。这就是说，不要以为你不保护自己，你就糟糕了。刚好相反，你再继续因为不足，因为思想和感情的浅薄而保护自己，你才会糟糕。只是，如果你认为不保护自己就会发现真理，因而不再保护自己，这又变成另外一种保护。

几千年来，一代接一代，这个——精神上，经济上——保护自己的转轮，使我们发现所谓的保护自己是否真有其事。经济上，或许一时真有所谓保护自己这一回事。不过，要是仔细观察，你就会发现，那些有钱人，那些财产很多的人，那些身体的快乐与舒适无虞的人，通常也都最不足，最不明智，一直在摸索所谓的精神的平安。

既然看到经济上没有平安可言，我们就来探讨一下精神上到底有没有自我保护这一回事。全世界普遍的战争、萧条、危机、灾难、动乱已经告诉我们经济平安是一种幻觉。我们认识到这一点，因此转而寻求精神上的平安。对我来说，这个世界根本没有所谓的平安，所谓的自我保护——绝对没有。我要说，这个世界有的只是智慧——也就是了解，绝无所谓的平安。换句话说，平安、保护自己，都是不足的产物。这里面没有智慧，没有创造的思考，有的只是“我”和社会不断的斗争，有的只是那些狡猾的人一直在压榨你。只要追求自我保护，就必然有冲突，因此就无理性可言，无智慧可言。只要还怀着这种态度，你追寻灵性，追寻真理，追寻上帝就是徒然，就没有用，因为，这时你其实只是在追求更大的力量，更大的平安而已。

我们的心一直躲在自我保护的墙内。只有我们的心挣脱自己制造的这些东西以后，那绝妙的实相才会显现出来。因为，无论如何，这种自我保护的墙都是我们的心制造出来的。我们的心自觉到自己的不足，因而制造了这种保护的墙，然后自己躲在后面。我们自觉或不自觉地制造了这些障碍，我们的心因而遭到了残害、束缚、限制，一有动作就带来更大的冲突，更大的混乱。

所以，光是寻找方法解决你的问题，并不会使你的心不再制造问题。这个——因为不足而生的——自我保护的中心只要还在，就必然有混乱，有巨大的悲伤，巨大的痛苦。但是你却没有办法规定你的心不要不足，借此使你的心免于悲伤。这就是说，你没有办法规定自己不要浅薄，没有办法借环境或什么状况的影响而免除浅薄。你对自己说：“我很浅薄。我认识这个事实。我要怎样才能去除这个问题？”我说，不要想去除，因为这也只是一个替代过程而已。你要自觉，要觉察是什么东西造成这种不足。你不能强迫，不能逼迫，不能用理想，用恐惧，用享乐与权力来影响。你只能靠着觉察找出不足的原因。这就是说，你要审视环境，看清环境的意义，借此揭开狡黠微妙的自我保护伎俩。

无论如何，自我保护是因为不足而产生，我们的心受这种自我保护的束缚、训练已经有几千年之久，你自然难以规范、克服。你真这样做，你就再也看不到欺瞒微妙的感情与意念的意义，再也觉察不到那些你必须觉察，必须自觉的幽微之处。

可是，觉察不是改变。我们的心已经习惯于改变。可是它习惯的改变，事实上却只是一些修正、调整、符合某一状况的规律等等。然而如果你觉察了，你将发现整个环境的意义。这里面有的不是修正，而是完全挣脱环境。

以觉察之火烧毁自我保护之墙。这个觉察不是修正，不是改变，不是调整，而是完全了解环境的意义，连带了解其中种种幽微纤细之处——只有这样的了解才会有永恒，因为这里面没有“我”在作自我保护的焦点。但是，只要你所谓的“我”这个自我保护的焦点还在，就必然有混乱，必然有骚乱，必然有失调和冲突。你不可能用规定自己怎么样，用遵循某个体系，效法某种模式来破除这些障碍。你唯有用你全部的脑和心才能了解这些障碍，连带了解其中的一切问题。这以后才会有一种喜悦，一种真理的活生生的动。这个动不是目标，不是颠峰，而是活着而永远创造。这种喜悦是无可描述的，因为所有的描述都会毁了它。只要不敏于真理，就没有喜悦，没有不朽。

一九三四年七月一日　加州奥哈伊

第二部

日常生活的领会

克里希那穆提的著作和谈话，对一般人充满问题的日常生活有非凡的见识。很多人认为克的生活环境那么优渥，为什么他有那样的认识。他们不知道克童年体弱多病，弟弟早夭，他非常难过，又终生敏感，痛苦，大家很惊奇他可以用印度穷苦村落母亲的眼光看事情，用尘土路上工人的眼光看事情，用富人或问题学生的眼光看事情。

一九三〇和一九四〇年代之间，克几乎和每一种社会背景的人都做过个别谈话。这些人跟他谈他们的问题。他知道人类的生存是一体的，因此对影响所有人的问题传达了启发人心的见识。他在一些著作中描述了这些讨论的精要，也表达了对大自然的心领神会，以及长期对环境生态深切的关心。

这一方面的著作以三册的《论生活》出版。第二部摘录了其中一部分。另外也摘录了讨论教育的著作和对年轻人的讲话（即《教育与生活的意义》、《迎向生命》），和讨论自由的著述——一本由赫胥黎作引论的书《最初与最后的自由》。不过最亲切最发人省思的，应该是他的《心灵日记》和《自言录：克里希那穆提最后的日记》。这两本书——与《克里希那穆提笔记》一样——往往触及他一生教言最深澈的源头。

最初与最后的自由

人与人之间即使很熟，彼此的沟通还是很难。我用的字在你可能意思完全不同。我们，也就是你和我，必须同时在一个层次契合才会互相了解。但是人与人之间，先生和妻子之间，好朋友之间，却必须要有真实的感情才会互相契合。这才是真正的融洽。我们同时在同一个层次契合，就会立刻互相了解。

人与人之间要有有效的沟通，还要有确实的行动实在很难。我现在都不用专门的字，都用很简单的字，因为，我认为专门的词汇并无法帮助我们解决问题。所以我不会用任何专门的词汇——不论心理学或科学的都不用。我没有读过心理学的书，也没有读过宗教的书——幸好！我要用日常生活简单的用语向各位传达一种深刻的意义。但是如果各位不会听，这就难了。

聆听有聆听的艺术。要真正地聆听，我们必须放弃或者把所有的成见、预设和平常的活动摆在一边。只要你的心处在接受状态，事情就很容易了解。把注意力真正放在事情上面，才是真正在聆听。不幸的是，大部分人都是隔着一层抗拒在听事情。我们蒙着宗教的、灵性的、心理学的、科学的成见，心里怀着平常的烦恼、欲望、恐惧。

我们以这一切为幕，隔着这一层幕布聆听事情。所以，我们听到的事实上是自己的声音，自己的噪音，而不是别人说的话。要把我们一生所受的训练、我们的成见、我们的喜好、我们的抗拒摆在一边，真正超越语言，真正地聆听，因而立即了解别人的话，实在很难。这是我们的难题。

我们的讨论，我的话如果和你们的想法或信仰抵触，请不要抗拒，注意听就是了。可能你对我错，但是我们一起听，一起思考，我们就会找到真理。真理不是别人给你的。你必须去发现。但要发现真理，你的心必须处于直接知觉的状态。只要有抗拒、有防卫、有保护，就没有直接的知觉。了解来自于觉察当下即是。知道当下即是，知道当下真正所是，实际所是，但不加解释、不谴责、不给借口，这就是，当然是，智慧的开始。一开始依照自己所受的制约，自己的成见解释、翻译，我们随即失去真相。这就像在做研究一样。要知道一样东西是什么东西，要知道一样东西到底是什么东西，就必须做研究，不能看自己的心情如何去翻译。同理，只要我们能够好好地听、看、观察、觉察当下即是，确实地觉察，我们的问题自然有解。我们所有的讨论要做的就是这件事。我要为各位指出当下即是，不用我的幻想翻译。各位也应该不用自己的背景或所受的训练翻译。

如实地觉察一切到底有没有可能？如实地了解一切自然就有了解。认识当下即是，觉察当下即是，了解当下即是，使我们的挣扎停止。我知道自己是骗子，我认识了这个事实，于是我不再挣扎。认识自己，觉察自己，就是智慧的开始，了解的开始。这个了解使你脱离时间的束缚。时间感——不是事情前后的时间，而是一种媒介，一种心理的过程，心的过程——会制造混乱，破坏性很强。

认识当下即是而不谴责、辩护、编理由，我们就会了解当下即是。知道自己置身某种状况，某种情况，就开始进入解脱的过程。可是若不觉察自己的状况，自己的挣扎，反而想做自己之外的什么人，就会带来“习惯”。所以，我们要谨记在心的就是，我们要检查当下即是，观察，觉察当下实际所是，不提出见解，不作解释。但要觉察，追踪当下即是，却要有非常敏锐的脑、非常柔软的心，因为当下即是一直在动，一直在转变，因此，我们的心如果为信仰所束缚，为知识束缚，就不再追寻，不再追踪变化迅速的当下即是。当下即是不是静态的，当然一直在动——仔细观察，你就会看到这一点。要追踪当下即是，需要非常敏捷的脑、非常柔软的心——可是如果我们自己的心是静态的，固定在信仰、成见、身份当中，敏捷的脑，柔软的心就没了。干枯的脑，干枯的心没有办法轻松地、敏捷地追踪当下即是。

我想，我们不必太过讨论，不用太多言语的表达，都知道这世上不论个人或集体都有很多的混乱、疑惑、痛苦。不单是印度，而是全世界——中国、美国、英国、德国，全世界都乱，都悲伤日深。不单是一个国家这样，不单是这里这样，而是全世界都这样。全世界都有异常深重的苦难——不单是个人如此，集体也是如此。所以这是全世界的灾难，怪罪于某一个地区、某一个地方实在太荒唐，因为这一来，我们将不再了解个人兼世界性灾难的全部意义。那么，我们既然觉察到这种混乱，今天我们要怎样反应，怎样行动？

这个世界有的是苦难——政治的、社会的、宗教的苦难，我们的整个心理混乱不堪，所有的——政治的、宗教的——领袖都辜负了我们，所有的经典都失去了意义。你可以去看奥义书，看《圣经》，看最新的政治学或心理学论文。但是你会发现这些东西已经失去了光环，失去了真理的品质，只剩下文字而已。你只是念诵这些文字的人，自己也很疑惑不明。光念诵文字又没有传达什么东西出来。所以，文字、经典都已经失去价值。换句话说，你从圣经，从马克思，从奥义书引经据典，但你自己却疑惑不明，你的念诵变成了谎言；因为，这里的文字变成了纯粹的宣传，而宣传绝对不是真理。你一念诵，你就不再了解自己的存在状态。你只是用权威的话掩饰你的疑惑而已。但是我们要做的却不是引经据典掩饰我们的疑惑，而是了解这个疑惑。那么，你要有什么反应？你对这样异常的混乱、疑惑、存在的不明要怎样反应？我说过，你要去觉察。你们要了解的不是我的话，而是你们心里活动的意念。这种游戏，大部分人都习惯当旁观者，不亲身参与。我们看书，却从不写书。当旁观者，看球赛，看政客、演说家演讲已经成了我们的传统，我们全国人的习惯，全世界人的习惯。我们只是喜爱在旁边观望的外人，早就失去了创造的能力。所以我们要的是吸收，参加。

如果你们只是观望，只是当旁观者，你就不会了解我们这次讨论的意义，因为，我没有办法像百科全书那样供给你们信息。我们要做的是追踪每一个人的意念，尽可能深入地追踪你情感上的反应。所以，请各位要弄清楚自己对这一个“因”，这个苦的反应——不是别人怎么说，而是你怎么反应。如果你从这样的苦，这样的混乱得到的是利益，如果你从其中获得了——经济、政治、社会、心理的——利益，你的反应将是冷漠的。所以这种混乱继续下去你并不介意。当然，这个世界越麻烦，越混乱，你就越想追求平安。各位不知道有没有注意到，这个世界一混乱——精神上，各方面一混乱，你就会开始追求某种平安——也许是银行存款的平安，也许是意识形态的平安。要不你就祈祷，到寺庙烧香拜佛——不过这其实只是逃避眼前的事情而已。全世界各地，宗派越来越多，到处冒出各种“主义”。越混乱，你就越需要领袖，越希望有人带领你穿越这一团混乱，于是你就去看宗教经典，去找导师，或者依据某一个——或左派或右派——看似能够解决混乱的体系采取行动和反应。目前的世界就是这么一回事。

你一觉察到混乱，一觉察到当下即是，就开始逃避。然而那些提供体系让你解决经济、社会、宗教等痛苦的宗派，其实是最糟糕的。因为，他们一提供体系，那么，不论这体系是宗教的体系，左派或右派的体系，体系就变成最重要，人反而不重要了。人不重要，反而体系变重要了——哲学、观念变重要了。于是，为了观念，为了意识形态，你不惜牺牲全人类。当今的世界就是这么一回事。这不是我在说的。你只要稍加观察，就会发现当今的世界就是这么一回事。体系变成最重要的东西。体系既然是最重要的，人，也就是你和我，都失去了意义。于是控制体系的人——不管那是宗教体系或社会体系，是左派或右派——就攫取了权威，攫取了权力，于是就开始牺牲个人——也就是你。当今的世界就是这么一回事。

那么，这种混乱，这种痛苦的原因在哪里呢？这种痛苦，这种内在和外在的困苦，战争的预期和恐惧，第三世界的分崩离析是怎么造成的呢？原因何在？当然是一切道德的、精神的价值观已经崩溃，大家独尊一切感官的价值观，一切手造之物、心造之物的缘故。当我们只有感官的价值观，只重视心的产物、手的产物、机器的产物，而不再有别的价值观时，会发生什么情形？那就是，我们越重视感官的价值，这个世界就越混乱，不是吗？同理，这并不是我的理论。你们不必看书就知道你们的价值观、你们的财富、你们的经济和社会生存状况都建立在手造和心造事物之上。我们整个生活浸浴在感官的价值观里，如此这般地生活，做事。这表示物质，心造之物，手造之物，机器制造之物变成了最重要的东西。物质最重要，信仰也就跟着变成最有意义的事物。当今的世界就是这一回事，不是吗？

就这样，越来越赋予感官的价值以意义的时候，就制造了混乱。接着因为置身混乱之中，我们又开始想借宗教、经济、社会等各种方法，借着野心、借着权力、借着追寻实相来逃避。但是实相就在我们身边，不用追寻。更何况想追寻真理的人绝对找不到真理。真理就在当下即是之中——它的美就是在这个地方。然而你一开始怀有真理的想法，你一开始寻找，你就开始挣扎，用力。一个有所挣扎的人不会了解真理。就是因为这个道理，所以我们必须安静地、关注地、被动地觉察。我们将看到我们的生活，我们的行为总是不脱破坏性的范畴，不脱悲伤的范畴。混乱、疑惑永远像海浪一样淹没我们。混乱总是毫无间歇。

不管我们怎么做，似乎都只是造成混乱。不管我们怎么做，似乎都只是造成悲伤、不幸。看看你的生活，你会发现我们的生活永远濒临悲伤边缘。我们的工作，我们的社会活动，我们的政治，我们集合各国以阻止战争的努力到最后都只有再度造成战争。“毁灭”的影子永远跟在生活的后面。我们不管怎么做，都酿成人命伤亡。这就是目前发生的一切。

那么，我们是否可能立即阻止这一切，不要再淹没于混乱和悲伤的浪涛当中？这就是说，不论是佛陀还是基督，我们曾经有过伟大的导师。他们接受了信仰，自己本身——或许——已经挣脱了混乱和悲伤。不过，他们却不曾阻止这个世界的悲伤和混乱。混乱不曾止息，悲伤不曾止息。今天，假设你看到这一切社会和经济的混乱，看到这一切动乱，这一切悲伤，因而放弃世俗，遁入所谓的宗教生活，你或许会觉得自己已经和那些伟大的导师同列。不过这个世界却依然混乱、痛苦，依然在毁灭，不论穷与富依然受苦。所以，我们的问题——你我的问题——是有没有办法立即跨出这种痛苦？活在这样的世界，如果你拒绝成为它的一部分，你就能够帮助别人挣脱这种混乱——不是以后挣脱，不是明天挣脱，而是当下立即挣脱。这当然是我们的问题。这个世界不久可能会有战争，而且毁灭性更大，更骇人。我们当然无从防止，因此这个问题实在太大，太迫切了。你我都能够立即想见那种混乱，那种悲惨，不是吗？我们自己必须知觉那种混乱，那种悲惨，才能唤醒别人了解真相。换句话说，你是否有办法当下自由？这是我们挣脱痛苦的唯一之道。但是，知觉唯有当下知觉才可以。如果你说“我明天再做”，你就会被混乱的波涛淹没，永远卷在混乱中不得脱身。

那么，你到底是否可能立即知觉真理，因而终止混乱呢？我要说这是可能的，并且是唯一之道。我说这件事必须做，也做得到；但不是根据假想，不是根据信仰来做。要进行这种——不是驱逐资本家或什么集团的——非凡的革命，要进行这种——唯一真正革命的——奇妙的转变。这是我们真正的问题。我们平常所谓的革命总是根据左派修正或延续右派，根据右派修正或延续左派。右派如果根据的是感官的价值观，那么左派就延续同样的价值观，差别只在程度或表现方式而已。所以，真正的革命只有在你这个个体在关系中有所觉察才会发生。你和他人的关系、你和妻子的关系、你和儿女的关系、你和老板的关系、你和邻居的关系，这一切当然就是社会。社会本身并不存在。社会就是你和我在我们的关系中创造的，是我们所有人内在状态的外在投射。因此，如果你我不了解自己，只是转变外在的东西，那么这种转变就毫无意义。换句话说，只要我不了解你我关系中的我自己，社会就不会有真正有意义的改变或修正。我在我的关系中有迷惑，我就制造出从我复制出来的社会，或是以我的外在表现形成的社会。这个事实很明显，我们可以讨论。我们可以讨论到底是作为一种外在表现的社会产生了我，还是我产生了社会。

我的关系中的我制造了社会，因此如果我没有根本地转变，社会的基本机能就不可能根本地转变。这是不是明显的事实呢？期待体系转变社会，事实上只是在逃避问题；因为，体系没办法转变人，是人在转变体系，这一点历史已经说得很清楚。要转移社会，必须在你我的关系中，了解自己，了解我就是混乱、痛苦、毁灭、恐惧、残暴的成因。了解自己和时间无关。我当下这一刻就能够了解自己。我要是说“我明天再了解自己”，我就会带来混乱、痛苦，我的行为就是破坏的行为。我一说我“将”了解，我就制造了时间这个因素，所以就淹没在混乱、毁灭的波涛中。了解就在当下，不在明天。明天是为懒惰的人，为怠惰的人，为毫不在乎的人而设的。你在意一件事情，你就会马上做。你会立刻了解，立刻转变。你当下不改变，就永远也不会改变；因为，改变若是在明天，那就只是修正，不是转变。只有当下转变才是转变。革命就在当下，不在明天。

只要发生这种革命，你就不会再有任何问题，因为这时自我就不会再关心自己，你将超越毁灭的波涛。

野　心

宝宝已经哭了一个晚上，可怜的母亲一直在尽力安抚他。她唱歌给他听，抱他，拍他，哄他。可是没有用。宝宝一定是在长牙。对全家人而言，今天晚上真累。可是黎明终于快要落到屋外黑暗的树上，宝宝也静了下来。天色渐渐亮起来，空气中有一种奇异的宁静。黑黑的树枝在天空的衬托之下，显得赤裸、细小。有一个小孩子在叫喊，一只狗在吠，一辆货车开过去，新的一天又开始了。宝宝的母亲小心地把宝宝包好，背着他走出屋外，走过村庄，去等巴士。她要带他去看医生。一晚上没睡，她看起来很累，不过宝宝倒是很快就睡着了。

阳光很快就照到了树梢，青草上有露水闪烁。远方有火车鸣笛，远山看起来阴暗清凉。一只大鸟飞过去，声音很大。它原来在孵卵，我们吵到了它。我们必定接近得太突然了，因为它连用树叶把卵盖起来的时间都没有。巢中的卵有十几个，虽然没有盖好，却几乎看不见。它很聪明，把这些卵掩饰得很好。现在它停在远远的一棵树上，看着这边。几天以后，我们看到了它和它的孩子。原来的巢已空了。

路从潮湿的树林通向山顶，路上很阴凉。路边的金合欢已经开花。几天前下过大雨，路面很软很湿。路边的田地种着小小的马铃薯。小镇位于山谷里。这是一个美丽的、金黄色的早晨。

她很聪明。她读过最新出版的书，看过最新的戏，很懂得某些哲学。这些哲学都是最近的显学。她的分析能力很强，显然读过很多心理学的书，因为那些艰涩的名词她都懂。从她的谈话中，我们知道她见过很多大人物。她无意间认识了一个人，那个人把她带来这里。她讲话轻松镇静，表达能力很好。她已婚，但是没有孩子。我们感觉婚姻、孩子这些东西和她都不搭。她走的是另外一条路。她一定很有钱，因为她全身都是有钱人的气息。她开门见山就问："在目前的危机当中，你用什么方法来帮助这个世界？"这必定是她常问的问题。接下来，她又急切地问起战争的防止，共产主义的用处，人类的前途。

战争，那些越来越严重的灾祸和痛苦，不就是我们日常生活的产物吗？这种危机，我们，我们每一个人不是都有责任吗？未来存在于现在。不了解现在，未来不会有什么改变。但是你不觉得这种冲突和混乱，我们每一个人都要负责吗？

"也许吧！但是承认责任又如何？我渺小的行动在这个巨大的毁灭行为当中，有什么价值？我的思想如何能够改变全体人类的愚昧？世界的现况完全是由于愚昧。我的智慧无法改变这种愚昧。而且，你再想想，个人的行动要对世界产生作用需要多久的时间。"

这个世界和你是不一样的东西吗？社会结构不就是你我建立的吗？若要根本改变这个结构，你我不都要根本改变自己吗？如果不从我们自己开始，如何会有价值观的深远革命？要在目前的危机中出力，我们是要寻找新的意识形态，新的经济计划，还是开始了解自己内在的冲突和混乱？我们的内在向外投射，就成为这个世界。新的意识形态能使人团结吗？信仰不是会使人互相对立吗？我们不是应该摆脱意识形态的障碍——凡是障碍，都是意识形态的障碍——不用偏颇的结论和公式，而是不带成见地、直接地探讨我们的问题吗？我们和我们的问题的关系从来就不直接，老是隔着某种信仰或公式。人与人之间互相对立的，并不是我们的那些问题，而是我们对那些问题所存的观念。问题使我们结合，观念却使我们分裂。如果可以的话，我想问你为什么这么关心这种危机呢？

"噢，我不知道。我只是看到这世上那么多的痛苦、悲惨，觉得应该做点什么。"

你是真的关心吗？或者你其实只是野心勃勃，想做什么事情？

"既然你这么说，我想也许我是想做什么事情，借此成功吧！"

所以，思考诚实的人实在不多。不论是直接地为我们自己，还是为理想，为我们认同的信仰，我们都想成功。理想是我们的投射，是心的产物，而我们的心却是依照我们所受的制约体验事物。我们为这些自我投射的东西努力，我们一生徭役而后死。民族主义，和崇敬上帝的行为一样，其实都是在彰显我们自己。不论实际上，还是意识形态上，重要的是我们自己，不是那些灾祸，那些痛苦。我们并不是真的想做事情。那其实只是聪明人新的话题，社交活跃的人，理想主义者的新领域而已。

我们为什么会有野心？

"因为没有野心就成不了事情。人类如果没有野心的话，一定至今还在坐马车。野心是进步的别称。不进步，我们就会衰败，退化。"

但是为了做事，我们也制造了战争和说不出来的痛苦。所以，野心就是进步吗？我们暂时不讨论进步，我们讨论野心。我们为什么老是野心勃勃？我们为什么老是想成功，想当大人物？我们为什么老是努力比别人优秀？不论是直接，还是透过意识形态或国家，我们为什么老是努力彰显自己？这种彰显自己不就是我们的冲突和混乱的主因吗？但是没有野心，我们会不会灭亡？没有野心，我们是否能够生存？

“谁喜欢生存却不成功，生存而没有人承认？”

可是这样欲求成功，欲求掌声，不是会造成内外在的冲突吗？没有野心是否就表示灭亡？没有冲突就是停滞吗？我们可以吸毒，用信仰，用教条让自己昏睡。这样也没有冲突。对大部分人而言，活动就是吸毒。这种状态显然就是败坏。但是觉察虚妄之所以为虚妄，会不会死？觉察野心——觉察不论什么样的野心，不论是追求幸福，追求上帝，还是追求成功，一概都是内外在冲突的开始——当然不表示一切活动从此停止，生命从此结束。

我们为什么老是充满野心？

“如果我的心情不用在追求某种结果，我会很无聊。我一直对我先生有很大的期望，我想你会说我是在利用我先生完成自己，现在我又想借观念完成自己的野心。但是我从来没有想过什么野心，我只是很有野心。”

我们为什么那么聪明，那么野心勃勃？野心不就是为了逃避当下即是吗？这种聪明其实不就是愚昧吗？我们实际上不都很愚昧吗？我们为什么这么害怕当下即是？不管我们是什么东西，如果我们永远都存在那里，那么逃避有什么好处？我们也许真的逃得掉，可是我们还是我们，还是在那里制造冲突、痛苦。我们为什么这么害怕孤单，害怕空虚？不管是什么行为，只要是在逃避当下即是，都会制造悲伤，制造仇恨。冲突就是否定当下即是，就是逃避当下即是。除此之外，别无冲突。为了我们不愿面对当下即是，我们的冲突越来越严重，越来越复杂，越来越解不开。但是当下即是无所谓复杂，复杂的是我们追寻种种逃避之道。

个人与理想

“在印度这里，人的生活多多少少已经破碎。我们很想把它恢复过来，可是却不知道从哪里着手。我知道集体行动的重要，但也了解它的危险。我一直追求非暴力的理想，可是这个国家却到处都是血腥、痛苦。这个国家自从独立以来，就双手沾满了血腥。现在我们又建立了军队。我们嘴上讲非暴力，可是却在备战。我和那些政治领袖一样迷惑。我在监狱里看了很多书，可是仍然没有办法厘清我的问题。

“我们是否可以一次讨论一个问题？首先，你很强调个人的重要。但是集体的行动不是也很必要吗？”

个人基本上就是集体。社会是个人创造的。个人和社会彼此相关，不是吗？个人和社会是分不开的。个人建造了社会结构，社会或环境则塑造了个人。不过，虽然社会会制约个人，但个人还是能够挣脱这个背景，解放自己。人是环境的奴隶，可是建造环境的却是他自己。他还是有力量挣脱环境，创造一个不会使他的心智呆滞的环境。当然，个人的重要完全在于他能够挣脱制约，了解现实。个人接受制约而变得很残酷，他创造的社会就必然建立在暴力和仇恨之上。个人完全存在于关系当中，如若不然，他就不存在。正因为不了解这种关系，所以他才制造了冲突和混乱。个人如果不了解自己和他人的关系，自己和财产的关系，自己和观念、信仰的关系，那么纵然加给他集体的模式或任何一种模式，到最后也只有挫败而已。要强加给个人某一种模式，需要所谓的集体行动。然而模式却是少数人发明的。集体却要受最新口号的催眠，受新乌托邦承诺的催眠。这个集体还是一样的集体，可是却换了新的统治者，新的口号，新的僧侣，新的教条。集体就是你我做成的，就是个人组成的。集体是虚构的东西，是为压榨者和政客玩弄的方便而设的名词。少数人把多数人推进行动当中，推进战争当中。少数人代表多数人的欲望和需要。个人的转变的确是最重要的,但绝对不是照什么模式来转变。模式永远在制约人，饱受制约的人永远和自己冲突，因而永远和社会冲突。用新的制约代替原有的制约很容易，但是个人要挣脱制约却是另外一回事。

“这需要谨慎而详尽的思考。可是我想我开始了解了。你强调个人的重要，但这个人不是和社会有别，和社会对立的个人。第二个问题。我一直努力在追求理想。我不懂你为什么否定理想。你介不介意讨论一下这个问题？”

我们目前的道德观都是建立在过去和未来，建立在传统之上或者所谓“应该”上面。这个应该就是和现状对立的理想，就是和过去冲突的未来。非暴力是理想，是应该，而现状则是暴力的。现状投射出应该，所以理想是自制的东西，是与现状对立的东西，是实际的状况投射的东西。反命题是命题的延伸，对立本身包含了对立的因素。我们的心因为残暴，所以投射了和残暴相反的东西，那就是“非暴力”这个理想。据说这种理想可以帮助我们克服其对立之物。真的吗？这个理想难道不是一种逃避——逃避现状，逃避当下即是吗？实际和理想之间的冲突显然是一种手段，目的是拖延，不去了解实际。不过这种冲突只会制造新的问题，因此有助于掩饰目前的问题。理想是逃避现状的一种奇妙的、受人尊敬的手段。非暴力这种理想就和集体乌托邦一样，都是虚构的理想。所谓的应该，是在帮助我们掩饰当下即是，逃避当下即是。

追求理想就是追求利益。你也许对世俗的利益嗤之以鼻，认为野蛮，愚蠢。这种利益的确愚蠢。但是，你追求理想其实也只是在追求利益，只是层面不同，但同样愚蠢。理想其实是一种补偿，是我们的心召唤出来的虚妄状态。我们的心因为残暴，分裂，又因为自身的缘故，所以投射一种补偿心理，一种虚构的东西，然后称之为理想，称之为乌托邦，称之为前途，然后起而追求，但结果只有徒然。这种追求就是冲突，但还是能让我们搁置实际状况，因而感到愉快。所以这个理想，这个“应该”无法帮助我们了解当下即是，而且还反过来妨碍我们了解当下即是。

“你的意思是不是说，我们的领袖、导师倡言理想，坚持理想都错了？”

你说呢？

“如果我的了解没有错的话……”

拜托，我们不是要了解某人怎么说，而是要弄清楚一件事。真理不是意见，不必依靠什么领袖、导师才成立。意见只会妨碍我们知觉真理。理想完全是人自己制造的虚妄之物，这个虚妄之物本身就包含了对立的因素。除此之外，别无所谓理想。理想只有一种，没有两种。真理不依靠导师成立，你必须自己知觉。

“如果理想是虚妄的，但是它却改变了我的思想。你真的认为追求理想完全只是徒然吗？”

那是无用的挣扎，是欺骗自己，不是吗？

“这真伤脑筋，可是我又不能不承认这是真的。很多事情我们总是习以为常，所以从来不允许自己怀疑自己拥有的东西。我们欺骗自己。你的话完全推翻了我的思想和行为。你的话将改变教育，改变我们整个生活和工作方式。我想我已经了解，所谓免除了理想的心，免除了‘应该’的心是什么意思了。这样的心，它的行动的意义和现在我们给它的意义完全不同。意在寻求补偿的行动绝对不是行动，而是反动——但我们却吹嘘说是行动。但是，没有了理想以后，我们要怎样面对现实，面对现有事物呢？”

了解现实只有在心里已经抹掉了理想，抹掉了应该以后才有可能。换句话说，就是见虚妄之为虚妄之后才有可能。所谓应该除了是应该，还是不应该。只要我们的心还在用正面的补偿或负面的补偿处理现实，就不可能了解现实。要了解现实，就必须与现实合而为一。你和现实之间不能隔着一层理想，隔着过去、传统、经验。我们的问题只有一个，那就是免于错误的态度。这一点确确实实表示我们要了解我们受到的制约——也就是我们的心。我们的问题在于心的本身，不在心产生的问题。心产生出来解决问题的方法，无非只是调和各种后果而已。这样做只有制造更多的混乱和假象。

“怎样才能够了解我们的心？”

生活之道就是心之道——不是理想生活之道，而是实际的，悲伤与快乐，欺瞒与诚实，人性的自大与做作的生活。要了解我们的心，就要觉察我们的欲望和恐惧。

“拜托，这可有点太过了。我如何能够了解我的心呢？”

要了解我们的心，不就是必须觉察心的活动吗？我们的心就是一些经验——不但是现在的经验，还是过去累积的经验。心就是集合过去一切对现在起反应，然后这个反应又变成我们的未来。这就是心的整个过程，我们必须了解。

“从哪里开始呢？”

从唯一的起点——关系——开始。生活就是关系。与人相关就叫存在。心只有在关系之镜当中，才有可能了解。你必须从镜中看自己开始。

“你说的关系指的是我和太太和邻居等的关系吗？这种关系不是很狭隘吗？”

看来很小很狭隘的东西，如果处理得好，会显示出无可测度的东西，好比漏斗一样，一口小，另一口却很大。专注静观，有限的东西将显示无限的事物。无论如何，河流的源头总是很小，小到没有人会注意。

“所以，我要从自己和自己最切身的关系开始。”

当然。关系从来没有所谓狭隘或太小。关系不论是对一个人的关系，还是对多人的关系，都很复杂。你可以卑鄙地对待你的关系，也可以自由而开放地对待你的关系。但是同样地，这种对待还是依你的心的状态而定。你不从自己开始，要从哪里开始？就算你从某些周边的活动开始好了，你还是和这些活动有关系，你的心依然是中心。不论从近从远开始，你都在那里。不了解自己，不管你怎么做，到最后都只有带来混乱和悲伤。所以，开始就是结束。

“我去过很远的地方，看过很多事，做过很多事。我和多数人一样，吃过苦，也有过欢笑。但是我必须回来从自己开始。我像寻找真理的sannyasi[①]一样。多年来，他一个导师换过一个导师，每一个指给他的路都不一样。最后他累了，回到家里，却在家里发现了那一颗宝石！我现在才知道我们有多愚蠢。一个心到处乱冲乱撞，为了至福寻遍全宇宙，最后才知道那至福其实就在我们心里。你完全正确。我要从我开始的地方开始，从我现在开始。”

---

① 印度教的“遁世者”。

恐惧与逃避

我们稳定地爬升，完全感觉不到机身在动。下方是大片的云海，极目所及是连绵不绝的波浪，雪白而耀眼，看来这么厚实而诱人，真令人惊讶。我们绕着大圈子往上爬升，偶尔冲进这一片大泡沫中。远远的山下是绿色的地面，头上则是冬季晴朗的天空，柔和而深不可测。高耸而覆雪的山脉从北向南迤逦而去，在明亮的阳光下闪烁着。这一片山脉的高度已经超过一万四千尺，可是我们竟然还在往上爬。这是大家很熟悉的山，看起来这样近，这么宁静。比较高的山偏北，我们则朝向南飞，已经爬到所需的两万尺。

邻座的乘客很多话。他对这一带的山很熟悉。他一路上都在打瞌睡，现在醒过来了，却开始想讲话。听起来好像他是第一次外出做生意。他的兴趣似乎很多，讲起这些兴趣似乎很懂。海现在已经在我们脚下，船影点点，幽暗而遥远。飞机翅膀没有一点颤抖，我们沿着海岸，越过一个城市又一个城市。他说人很难没有恐惧——不是指坠机，而是平常生活的意外。他已婚，也有孩子，也一直都有恐惧——不单是担心未来，而是担心一切。那种恐惧是没有特定目标的恐惧。他虽然已经蛮成功的，可是这种恐惧却使他生活很疲惫，很痛苦。他一向聪明颖悟，可是他的恐惧却挥之不去，他做的梦常常令人害怕。他太太知道他有这种恐惧，可是不知道这么严重。

恐惧完全存在于关系之中。恐惧之作为一种抽象概念，其实只是字眼而已。但是字眼却不是真正的恐惧。你清楚知道自己在怕什么吗？

“我一直无可奈何，我做的梦也不是很清楚，可是贯穿其中的就是恐惧。我和朋友和医生都谈过。不过他们不是一笑置之，就是没办法帮我什么忙。我没办法掌握它，但是我真想赶快除去这可怕的事。”

你只是说说而已，还是真的想要免除恐惧？

“听起来我好像随便说说，可是我真的愿意尽力免除这种恐惧。我不信什么教，奇怪的是我却一直在祈祷这种恐惧赶快离去。我沉浸在工作或游戏当中，恐惧就不见了。可是它就像妖魔鬼怪一样等着我，工作或游戏一结束，我们又做伴了。”

你现在有没有那种恐惧？有没有感觉它在什么地方？那是自觉的恐惧，还是隐藏在心里的恐惧？

“我感觉得到，却弄不清楚那是自觉的，还是不自觉的。”

你觉得它是远是近——不是空间或距离的远近，而是一种感觉？

“有感觉时就觉得很近。可是这有关系吗？”

恐惧完全存在于关系之中。这个关系可能是你的家人，可能是你的工作，可能是你未来的烦恼，可能是死亡。你怕死吗？

“不是很怕。不过我还是希望如果要死就快一点，不要拖。我想我担心的不是家人，也不是工作。”

那么，造成恐惧的可能就不是这种比较表面的关系，而是比较深的东西了。或许有人可以为你指出你的恐惧是什么。不过，如果你能够自己发现，会比较有意义。那些比较表面的关系你为什么不担心?

“我和我太太彼此深爱对方。她连看一下别的男人的念头都没有。我也是觉得别的女人都不会吸引我。我们彼此在对方身上找到了完整。孩子的确令人烦恼。不过我们总是尽力照顾他们。我的工作很安定。不过我太太就是怕，不知道在怕什么。”

所以，你对自己比较深的关系很有把握。你为什么这么有把握?

“我不知道，但就是有把握。有时候某些事情，我们必须视为当然，不是吗？”

重点不在这个地方。我们要讨论一下吗？你凭什么对自己的亲密关系这么有把握？你说你和你太太互相在对方身上找到完整是什么意思?

“我们互相找到幸福，找到伴侣，了解，等等。在比较深刻的地方，我们彼此互相依赖。我们两人要是谁有什么事，对另一方都是严重的打击。”

你说互相依赖是什么意思？你是说没有她你就会迷失，你会觉得非常孤单，是吗？她也会有相同的感觉。所以你们互相依赖。

“有什么不对吗？”

我们不谴责也不判断。我们只是在探讨。你确定你要讨论这个问题吗？好，那么我们就继续讨论。

如果没有你太太，你会很孤单，你会深深地失落，所以她对你而言是不可或缺的，不是吗？你的幸福有赖于她，你说这就是爱。你很怕孤单。她永远在那里替你解除孤单，你也永远在那里替她解除孤单。可是孤单这个事实还是在那里，不是吗？我们利用对方解除孤单。我们用那么多方法，用各种关系逃避孤单。于是这种关系都变成了依赖。因为音乐使我快乐，使我不用注意自己，所以我听音乐。书本和知识也是逃避自己很方便的方法。所以我们依赖这些东西。

“我为什么不逃避自己？我自己没有什么东西值得自豪，若是和我太太合而为一，因为她比我好太多了，所以我就可以避开自己。”

当然，大多数人都会逃避自己。但是要逃避自己，就要依赖别人。越是害怕当下即是的，就越依赖别人，就越需要逃避。于是太太、书本、音乐就变得非常重要，逃避变成绝对的有意义，变成最高的价值。我利用我太太逃避自己，所以我就执著于她。因此我必须拥有她，不能失去她。她也喜欢被我拥有，因为她也在利用我。彼此都有逃避的需要，所以我们就互相利用。这种好处我们称之为爱情。你不喜欢自己，所以你逃避自己，逃避当下即是。

“这一点现在很清楚了。我已经了解其中的要点。有道理。不过，我们为什么会逃避？我们要逃避什么东西？”

逃避自己的孤单，逃避自己的空虚，逃避自己。逃避当下即是而不去看它，你显然就无法了解当下即是。所以，首先你必须不要再逃避，不再跑掉。这样你才会看到自己的真实面貌。不过，如果你老是在批判当下即是，老是对它有好恶之分，你就无法观察当下即是。你说那是孤单，于是你逃避。这样逃避当下即是，本身即是恐惧。你害怕孤单，害怕空虚，要掩饰这种孤单，这种空虚，你就依赖了。恐惧就是这样挥之不去，但只要你还逃避当下即是，恐惧就挥之不去。但是，完全和另外某种东西结合，和某人或某个观念结合，并不能保证逃离当下即是，因为，无论如何，恐惧永远躲在后面。结合一旦破裂，恐惧就会从梦中显现出来。但是结合永远都是会破裂的——除非人已经失去平衡。

“所以，我的恐惧是起自于我的空虚，我的不足。我已经了解，确实如此。但是我该怎么做呢？”

你没有办法该怎么做。不管怎么做，都是在逃避。这是最根本的事情，必须了解。你一了解，就会看到自己其实无异于你的空虚，看到自己其实和自己的空虚没有分别。你就是那个不足的本身。观察的人就是那被观察的空虚本身。从这里再进一步，你就不会再叫它孤单，就不会再给它名称。从这里再进一步——这很辛苦——所谓的孤单这一回事就不再存在；孤单、空虚将完全止息，作为此种意念本身的思想者亦不复存在。恐惧就这样止息。

“这样说来，爱是什么东西呢？”

爱不是结合，不是对所爱者所存的种种意念。爱在那里的话，你是不会去想它的。是因为没有了爱，因为你和所爱的人中间有了距离，所以你才会想到爱。因为同享一份爱，所以不会有爱的意念，爱的形象，爱的回想。是因为同享破裂了，意念、想象才开始进来——不管破裂的程度多大都会进来。我们的心不等于爱。我们的心会制造嫉妒的烟雾，制造执著、想念、回忆过去、渴望明天、悲伤、哀愁的烟雾。这种烟雾闷熄了爱那一把火。没有这种烟雾，那一把火才会燃烧。两者无法并存。想要这两者并存只是一相情愿。一相情愿是意念投射的东西，而意念却不是爱。

时间与转变

我想稍微谈一下时间；因为，我认为那个没有时间性的东西，那个真实的东西，唯有在了解时间的整个过程之后，才有办法体验它的丰富、重大、美。无论如何，我们每一个人，以他自己的方法，都在追寻幸福、丰富。有意义的生活，真正的幸福那种丰富，都不在时间之内。这种生活和爱一样，都不在时间之内。要了解那没有时间的东西，我们就不能用时间去了解，而是要了解时间。我们不能用时间为手段，企图了解，理解，到达那没有时间的东西。我们几乎一辈子都在做这样的事——花时间企图掌握那没有时间的东西。所以，重要的是要了解我说的时间是什么意思，因为，我认为要挣脱时间是可能的。重要的是要整个地了解时间，不能只了解部分。

我们的生活大部分都花在时间里面——不是秒、分、时、日、年的时间，而是心理记忆的时间。这一点很有意思。我们靠时间而活。我们是时间的产物。我们的心是集众多昨日而成的产物，而现在只是昨日通向未来的通道。我们的心，我们的活动，我们的存在，都建立在时间之上。没有时间，我们就没办法思考，因为思想是时间的产物，是众多昨日的产物；没有记忆，就没有思想。记忆就是时间，因为记忆有两种，一种是记年时间，一种是心理时间，一种是手表所说的时间，一种是记忆中的时间。记年的时间你无从拒绝，否则就太荒唐了——你会赶不上火车。可是除了记年时间之外，真的还有时间吗？“昨天”这样的时间显然是有的。可是真的有我们的心所想的那种时间吗？除了心之外，是否还有时间？时间——心理的时间——当然是心的产物。没有思想为基础，就没有时间——昨日的记忆，连接到今天，然后塑造明天。换句话说，记忆中昨日的经验对今天起反应，因而制造了未来。未来依旧是思想的过程，是我们的心走的道路。思想的过程制造了心理在时间上的进展。可是这种心理在时间上的进展是真实的吗？和记年的时间一样真实吗？这样的时间是心的产物。那么，我们能用这种时间来了解永恒，了解无时间的东西吗？我说过，幸福不属于昨日，不是昨日的产物。幸福永远在现在，永远在无时间状态。不知道各位是否发现，只要你处在喜悦状态，处在创造的欢喜状态，黑暗的云中间就有一团明亮的云——那么这一刻是没有时间的，有的只是当下的现在。但是，心，一体验到现在而开始存在，就开始记忆，开始希望“现在”继续存在，越积越多，于是开始制造时间。所以时间是“还要”制造的。时间既是“得到”又是“失去”,而“失去”仍然是心“得到”。所以，光是用纪律规范处于时间当中的心，光是在时间的架构——也就是记忆——之中制约思想，当然无法揭开那无时间的东西。

那么转变和时间有没有关系？大部分人总是认为转变需要时间。我是某一种人，要把现在的我改变为应该如何的我，需要时间。我很贪婪。贪婪的结果是混乱、仇恨、冲突、痛苦。我要转变——变成不贪婪，我们认为这需要时间。换句话说，我们认为时间是一种手段，可以把某个东西发展得更大，更多，变成另外一种东西。我们的问题是：我们很残暴、贪婪、嫉妒、愤怒、邪恶、激情。要转变这些当下即是，需不需要时间？首先，我们为什么想改变当下即是？为什么要转变？为什么？因为我们不喜欢我之所以为我的样子。这就形成了冲突、困扰。因为不喜欢这种状态，所以我们开始期待另外一种比较好的，比较高贵的，比较理想的状态。因为我们有痛苦、不适、冲突，所以我们想要转变。那么时间是否能够克服冲突？你要是说可以，你显然还处于冲突当中。你会说克服冲突，或改变自己现在的状况，需要二十天乃至于二十年。可是这二十天或二十年，你却依然置身冲突当中。所以时间不可能使你转变。企图以时间为手段，获得某种素质，某种美德，某种存在状态，其实只是搁置当下即是，逃避当下即是而已。我认为这一点非常重要，必须了解。贪婪和残暴在我们的人我关系——也就是社会——当中制造了痛苦、纷扰。我们意识到这种纷扰，我们说这是贪婪或残暴。于是我们说“我要用时间挣脱这些东西。我要练习非暴力，我要练习不嫉妒，我要练习和平”。因为残暴是一种纷扰、冲突，所以你要练习非暴力。你认为只要花时间，你就能学会非暴力，就会克服冲突。可是实际的情形如何？你置身冲突当中，你想达到没有冲突的状态。可是这个无冲突的状态是时间的产物吗？是“持续”的产物吗？显然不是。因为，你虽然要达到非暴力状态，却依然是暴力的。所以你依然置身暴力之中。

所以，我们的问题是，不论几天，几年，几辈子，冲突能够在一段时间之后克服吗？你说“我要学习非暴力”，一段时间之后，会有什么情形？这个学习的本身其实正表示你置身冲突之中，不是吗？如果你不是在抗拒冲突，你就不会学习非暴力。你说若要解决冲突，就必须抗拒冲突，而这个抗拒需要时间。可是这个抗拒的本身其实就是一种冲突。你把力气花在抗拒你所说的贪婪、嫉妒、残暴这些冲突之上，但你的心却依旧处在冲突当中。所以，要紧的，其实是看清楚以时间作为克服残暴之手段的虚妄，从此挣脱这个过程。这样，你才能做你自己——也就是做那心理上的纷扰本身，那个残暴的本身。

不管什么事，什么人，什么科学问题，若想要了解，重要的东西在哪里？根本的东西在哪里？就是心要静，不是吗？心要想有所理解，就要不排外，不一味想集中，否则这又是一种抗拒。如果我真的想了解一件事情，我的心就会静下来。你想欣赏自己喜欢的音乐、绘画，欣赏自己有感觉的音乐、绘画时，你的心会怎样？你的心会立刻静下来，不是吗？你听音乐时，你是心无旁骛的，因为你在聆听。同理，如果你想了解冲突，你就不会再依赖时间。你反正就是会面对当下即是——也就是面对冲突。于是你立刻开始静下来，心立刻静下来。由于你已经看到以时间为手段转变当下即是的虚妄，所以你不再依赖时间。于是你便完全面对当下即是。由于你有志于了解当下即是，你的心自然就静下来。这种被动但是警觉的状态里面，有的就是了解。心只要还在冲突，怪罪，抗拒，谴责，就不会有了解。我想了解你，显然我就不可以谴责你。心静，心不动，才会带来转变。心不再抗拒，不再逃避，不再唾弃，不再谴责当下即是，却被动但清醒地觉察当下即是，那么在这种被动的心当中，只要你真的想了解问题，自然会产生转变。

革命只有在现在才有可能，不在未来。重生在于今天，不在明天。各位若是愿意拿我的话做个实验，你们就会找到一种当下的重生，一种新颖，一种清新。这是因为心只要真正有兴趣，真正想了解，真正有意了解，就会静下来。不过大部分人的问题正好在于无意了解，因为我们很害怕一旦了解了，生活就会天翻地覆。所以我们便一直抗拒。我们以时间或理想作为渐次转变的手段时，就是自我防卫机制在起作用。

因此，重生只有在现在才有可能，不在明天，不在未来。一个人若想依赖时间为手段，获得幸福或真理或上帝，其实只是在欺骗自己而已。此时的他是活在愚昧当中，所以只会置身于冲突。一个人若是了解时间不是挣脱问题之道，因而免除了这种虚妄，自然会有意于了解。这样他的心，没有冲动，不必学习，自然而然就会静下来。心静，心祥和，不追求答案，不追求办法，不抗拒，也不逃避——这时才可能有重生，因为心只有这时候才有能力知觉真实者。而真正解放我们的，就是真理，不是你的努力追求自由。

因自怜而生的悲伤

一年的这个时候，气候非常温暖，又是春天了。阳光异常的温和，因为有轻风从北方吹过来。但此时北方的山却还覆盖在雪中，非常清新。路旁有一棵树。还不到一个礼拜，已经长满了新鲜翠绿的叶子，在阳光中闪耀。这些叶子这么柔软，这么纤细，在心灵的广大空间，在整个地面和蓝天当中这么渺小，可是才一下子，已经充满了所有意念的空间。沿着路过去，另外还有一棵树，开满了花——只有花，没有叶子。微风把花瓣洒在地上，有几个小孩子坐在那里。这几个孩子是司机和几个用人的孩子，从来不上学。他们将永远是这个地球的穷人。不过，他们置身在这条柏油路边那一片花瓣当中，却是地球的一部分。他们看到一个陌生人坐在那里，感到非常讶异，众人一下子全静了下来，不再捡花瓣玩，呆立在那里有几秒钟，活像雕像一样，可是眼睛却很灵活，流露着好奇、友善、理解的眼神。

路边一座小花圃充满阳光，繁花盛开。一只乌鸦栖息在树上的枝丫间躲避正午的阳光。它全身趴在树枝上，羽毛盖住了爪。它在呼叫或者回答另外一只乌鸦，不到十分钟之内，叫声已经出现了五六种音调。它的音调或许不只五六种，不过目前它已经满足了。

它很黑，颈子却是灰色的，眼睛很特别，滑溜溜的，停不下来，喙又尖又硬。它完全的静，又完全地活着。奇特的是心和这一只鸟同在的状况。心并没有在观察这一只鸟，可是却看到了每一个小地方。心不是这只鸟，因为心并没有和这只鸟合而为一。心和这只鸟同在，和它的眼睛，它的喙同在，如同海和鱼同在一般。心和这只鸟同在，可是却又通过这只鸟，超越过去。这只乌鸦那敏锐的、侵略的、害怕的心是那跨越海洋和时间的心的一部分。这个跨越海洋和时间的心广大无垠，无可思量，却又觉察到枝叶间这只乌鸦眼睛最轻微的动作。心觉察到花瓣落下，可是却没有注意力的焦点，没有关照的点。心和空间不一样。空间永远都有东西——尘埃、地球乃至于天空——可是心却是完全的空。因为空，所以可以关照而不需要原因。心的关照没有根也没有枝。这种空性的静有的是全部的能量。可是这种能量却不是用意图建立起来的。用意图建立起来的能量，只要压力一消失，就消耗殆尽。但是空性的静的能量完全是“开始”的能量，是不会在时间当中终止的生命。

他们几个人一起来，互相讲着各人的问题。一个人讲的时候，其他人就加以解释，并和自己的问题互相比较。可是悲伤却无从比较。比较使人自怜，接着就发生噩运。逆境必须直接面对，而不是用你的观念比别人好来面对。

他们现在都很安静。有一个开始了。

“我母亲已经去世好几年。最近家父也过去了。我非常懊悔沮丧。他是好父亲，我应该有一点成就，可是却没有。我们观念互相冲突，我们的生活方式使彼此互不闻问。他信教很虔诚，我就没有明显的宗教信仰。我们的关系老是很紧张，不过至少还是一种关系。现在他过世了，我却非常悲伤。我的悲伤不只是懊悔而已，而是突然感觉到孑然一身。我从来不曾这么悲伤过，现在却是非常伤痛。我该怎么办？我要怎样才能克服这种悲伤？”

如果可以的话，我们要问你是难过你父亲，还是因为不再有熟习的关系而悲伤？

“我不太懂你的意思。”

你难过是因为你父亲，还是因为你感到孤单？

“我只知道我难过。我想脱离这种难过。我真的不了解你的意思，能不能请你说明一下？”

其实很简单，不是吗？你也许是为了你父亲而难过，也就是说，你喜欢生活，你想要活下去，但现在他却走了。也许你难过是因为你们的关系那么久以来一直很重要，但是现在这一层关系却瓦解了，你突然感觉很孤单。这两个是哪一个？你当然不是为你父亲难过，而是为了你自己的孤单；你的悲伤就是因为自怜而起的。

“孤单到底是什么东西？”

你从来不曾感到孤单吗？

“有啊！我常常自己一个人散步，一个人走很远的路，尤其是假日。”

孤单和自己一个人散步不一样，不是吗？

“如果不一样的话，我就不知道孤单是什么意思了。”

一个人说：“我认为，除了言语上，我们没办法懂得什么事情的意义。”

你从来没有像感觉牙痛一样，在自己身上感到孤单吗？我们说孤单的时候，我们是体验到心理上孤单的痛苦，还是只用字眼在说我们未曾直接体验的东西？我们是真的难过，还是自以为难过？

他说：“我想知道什么叫孤单。”

你是说你需要有人形容一下孤单。孤单是完全孤立的经验，一种什么东西都不可依赖的感觉，一种所有的关系都切断的感觉。“我”，自我，自己，就其本质而言，是不断地在自己四周筑墙。他的活动全部导向孤立。等到他觉察到自己孤立，他就开始和美德，和上帝，和财产，和某人，和国家，和意识形态认同。换句话说，我们会想尽办法逃避孤单的痛苦，逃避孤立的感觉。所以我们从来不曾直接体验过孤单。这就像走路很怕转角后面不知道有没有什么东西，所以从来不曾去面对，从来不曾去弄清楚，老是走到那里就跑掉，躲到某个人的地方，或什么东西里面。但这只有更加恐惧。你从来不曾感觉到和一切都切断关系，完全的孤立那种孤单吗？

“我完全不懂你在说什么？”

那么，如果可以的话，我们要问，你是否知道悲伤是什么东西？你感觉悲伤有没有像你感觉牙痛那么强烈，那么急切？你牙痛的时候，你会立刻采取行动，去看牙医。但是你悲伤时，你却用解释、信仰、酗酒等来逃避。你也采取过行动，可是这个行动却不是使你的心解除悲伤的行动，不是吗？

“我不知道该怎么办？所以我才来这里。”

要知道怎么办之前，你是不是要先弄清楚悲伤是怎么一回事？你是否曾经单单地建立“何谓悲伤”的观念或判断？当然，逃避、评估、恐惧都会阻碍你直接体验悲伤。你牙痛时，你不会建立何谓牙痛的观念或意见。你只是牙痛，然后就采取行动。可是现在我们这里却没有行动——不论远或近都没有，因为你并不是真的难过。要真的感到难过，要了解难过，你必须注视它，不能逃避。

“逝者已矣！没有办法再回来，所以我难过。我该怎么做才能挨过去呢？”

我们难过是因为我们没有看到难过的真相。事实和关于事实的观念完全不同，两者走的方向完全不同。如果可以的话，我们要问，你关心的是难过这个事实，难过这个实际状况，还是难过这个观念？

“先生，你没有回答我的问题。我的问题是我该怎么办？”

你是想逃避难过，还是想没有难过？如果你只是想逃避难过，那么药丸、信仰、解释、娱乐这些东西都有“帮助”，不过必然也会造成依赖、恐惧等后果。可是如果你想要没有悲伤，你就必须不再逃避，不判断不拣择地觉察悲伤。你必须观察悲伤，从中学习，了解其中细微之处。这样你就不会再害怕悲伤，于是也就不会再有“自怜”这座监狱存在。了解悲伤就能免除悲伤。必须实际体验悲伤，而不是在言语上虚构悲伤，才能了解悲伤。

一个人插嘴说：“我可以再问一个问题吗？人应该用什么态度过日常生活？”

就好比人只活一天，就好比人只活一个小时一样。

“怎么可能呢？”

如果你只能活一个小时，你要做什么？

他急急地回答说：“我真的不知道。”

你不会做一些外在必要的安排，处理一些事务、遗嘱等吗？你不会把家人朋友找来，要求他们原谅你可能对他们造成的伤害，也原谅他们对你的伤害吗？你不想对所有心造之物，对欲望，对世界做个了结吗？如果一个小时做得到，此后的几天几十年必定也做得到。

“先生，这种事情真的可能吗？”

试试看你就知道。

教育与生活的意义

到世界各地走一走，你就会发现，不论印度还是美洲，欧洲还是澳洲，人性竟是那么相像。大学尤其如此。我们好像是从一个模子里印出来的一样，都是一个样子，都想追求平安，当大人物，过快乐的生活而不用动脑筋。

传统的教育使学生很难独立思考。"一致"制造了平庸。只要我们还崇拜成功，那么要与众不同，要抗拒环境就不容易，有时候还很危险。追求成功的欲望，也就是追求物质或所谓精神层面的利益，追求内外在的平安，希望生活舒适的欲望——这一个过程一直在制造不满，不但使我们不再自然，而且还滋生恐惧。恐惧堵塞了理性，使我们无法理解生命。接着年岁渐增，脑和心就开始迟钝。

追求舒适的生活，我们最后找到的往往只是一个安静的、冲突最小的角落。找到之后，我们再也不敢跨出那个藏身之处。害怕生活，害怕挣扎，害怕新经验，扼杀了我们心里冒险的精神。我们的整个教育与教养使我们害怕自己和邻居不一样，害怕违背现有的社会模式，又虚假地尊敬权威和传统。

值得庆幸的是，幸好还有一些人非常热切，愿意不带左派或右派的偏见检查人性的问题。只是多数人还是缺乏真正异议的精神，叛逆的精神。我们不明不白地屈服于环境，原本可能有的叛逆精神逐渐消失，我们的（所谓的）责任感随即令其死灭。

叛逆有两种，一种是暴力的叛逆，一种是理性的革命。暴力的革命纯属对现存秩序的反动，毫无了解可言。有一种叛逆是心理上知识的叛逆。很多人反叛了既有的正统，可是回头却又落入另一种正统，另一种假象，以及掩饰起来的自我沉溺。其中真正的情况是，我们挣脱了一群人或一套理想，旋即又加入另一群人，另一套理想，从而制造了另一种思想模式，但不久又不得不开始反叛这种思想模式。反动只会制造对立。改革都需要再改革。

理性的叛逆却不是反动。由觉察自己的意念和感情而了解自己，由了解自己而产生这种理性的叛逆。经验怎么来，我们就怎么面对，不逃避纷扰——这样我们的智慧就会保持高度清醒。直觉就是高度清醒的智慧。只有这个才是生命的指南针。

那么，生活的意义何在？我们活着是为了什么？努力是为了什么？我们受教育如果只为了优越，只为找到好工作，只为了做事有效率，只为了有力量支配别人，那我们的生命就未免浅薄、空虚。我们受教育如果只为了当科学家，只为了嫁给书本当学者，只为了对知识上瘾当专家，那我们都在为虎作伥，制造这个世界的痛苦和毁灭。

生命的确有很高很广的意义。不过，如果我们没办法发现这个意义，那么我们受教育有什么价值？我们纵使接受了高等教育，可是如果我们的思想和感情不完整，那么我们的生命将是有缺陷的，矛盾的，在种种恐惧之间撕裂的。教育若是无法培养我们完整前瞻生命的眼光，就没有什么价值。

我们现在的文明把生活分割成很多部分，因此教育除了教导技能或专业之外，已经没有什么价值。我们的教育不是唤醒个人完整的智慧，而是鼓励个人符合某一种模式，因此也阻碍了他，使他无法把自己当做完整的过程来了解。把生活分成那么多范畴，企图在个别范畴内解决那么多生存的问题，这就表示根本不了解自己之所以是一个完整的过程。

个人是由众多层面组成的。但为了强调其中的种种差异，鼓励其中某一类型的发展，却造成了许多问题和矛盾。教育理当维持我们种种层面的完整，因为，如果不完整，生活就会变成一连串的冲突和悲伤。读书成为律师,但如果每天缠讼不休,这种教育有何价值?如果我们的混乱永远没有停止的时候，我们的知识有何价值？我们的专业技能如果只是用来互相毁灭，这种专业技能有何意义？我们的生存如果只是走向残暴、痛苦，那生存的意义何在？我们虽然懂得赚钱或者也真的有钱，我们虽然生活愉快，也信教，可是我们却永远置身冲突当中。

我们必须分清楚个人与私人。私人是偶然的。我说私人是偶然，意思是出生的环境、成长的环境、国籍、迷信、阶级、成见等等。私人或偶然完全是暂时的——虽然这个暂时可能是一辈子。目前的教育制度就是建立在私人的、偶然的、暂时的原理之上。因此也造成了思想的错乱和那些数不清的有所防卫的恐惧。

教育和环境训练每一个人追求私人的平安与所得，训练我们为自己奋斗。讲起来都很好听，可是让我们接受各种专业教育的体制，却是建立在压榨和遭受剥夺的恐惧之上。这样的教育必然替我们自己和世界带来混乱和痛苦，因为它在每一个人身上筑起了障碍，把他和别人隔开来，把他囚禁起来。

教育不应当只是训练脑筋而已。训练使我们做事有效率，却不能使我们完整。纯然只是受过训练的脑,其实只是把过去延伸到现在。

这样的脑永远没有办法发现新的东西。就是因为这个道理，所以要弄清楚什么是正确的教育，首先得探讨生活的整体意义。

对大部分人而言，整体生活的意义并不是最重要的东西。我们的教育注重的是一些次要的价值观，只能使我们擅长某方面的知识。知识和效率的确必要，不过把它们放在第一位只会造成冲突和混乱。

有一种效率是由爱激发的。这种效率是超越的，比有所野心的效率庞大许多。爱使我们完整的了解生命。没有爱,效率就变成无情。当今的世界不就是这样吗？我们目前的教育是为了工业和战争而设，主要目标是培养效率。我们卡在这部只懂得残酷竞争和互相毁灭的机器当中。然而如果教育只是制造战争，只是教我们毁灭别人或给别人毁灭，这种教育不是完全失败了吗?

显然，要建立正确的教育制度，我们必须了解生活整体的意义。要了解生活整体的意义，我们必须能够真实而直接地思考，而不是众人一致一样地思考。一个人的思考和他人一致一样，这个人其实是没有思想，因为他只符合某个模式。他按既有的轨迹思考，讲话。我们无法从理论或抽象来了解生活。要了解生活就要了解自己。了解自己是教育的起点，也是终点。

教育不只是追求知识，搜集事实，组织事实而已。教育是了解整体生活的意义。但是，整体不能从过去的事情来了解。从过去的事情来了解是政府、教会、政党做的事。

教育的功能是创造完整的人。人因为完整而有智慧。人可以拥有学位，做事像机器一样有效率，可是却没有智慧。智慧不是信息，不是由书本衍生而来，也不是由防卫性的反应与侵略性的主张构成。一个没有读过书的人，也许比有学问的人更有智慧。我们一直把考试把学位当做智慧的标准，培养狡猾的脑筋，却逃避人类重大的问题。智慧是知觉根本事物的能力，知觉当下即是的能力。唤醒这种能力——不论是在自己身上或别人身上——才叫做教育。

教育应该帮助我们发现永久的价值观。这样我们才不会死抓住公式，老喊口号。教育应该帮助我们打破国家和社会的障碍，而不是筑起障碍，因为这些障碍只会制造人与人之间的对立。不幸的是，我们目前的教育制度只会教我们卑屈，呆板，彻底的不思不想。教育唤醒了我们的知识，可是却任由我们的内心失去能力，有缺陷，没有创造力。

不能完整地了解生活，我们个人和集体的问题只有更深更扩大而已。教育的目的并不只是生产学者、技术人员、找工作的人，而是产生完整的、没有恐惧的人；因为，只有这种人，他们之间才有永久的和平。

因为了解自己，所以恐惧才会止息。个人如果能够每一刻都掌握生活，每一刻都面对生命错综复杂之处，面对生命的痛苦，面对时而突然产生的迫切需求，那么他必然有无限的弹性，因而去除理论和固定的思想模式。

教育不应该鼓励个人符合社会或消极地与社会和谐共处，而是要鼓励个人寻找真实的价值观。这种价值观来自不偏不倚的追究，自我觉察。没有自知之明，自我的表达会变成刚愎自用，这里面又带来种种野心的、侵略性的冲突。教育应该唤醒个人自我觉察的能力，而不是沉溺在自以为是的自我表现中。如果我们在生活的过程中逐渐毁灭自己，那么学问有什么好处？我们已经一次又一次经过几次战争。同理，我们教养子女的方法，显然也是根本的错误。我觉得大部分人都知道这一点，只是不知道该怎么办。

要改变体制——不论是教育的，还是政治的体制——并不是用什么神秘的方法，而是我们自己从根本上改变，体制就跟着改变。

最要紧的是个人，不是体制。只要个人不了解自己的整个过程，体制——不论是左派，还是右派的体制——就不可能为这个世界创造秩序与和平。

迎向生命

革命在心，不在他物[①]

鉴于我们这个世界不断升高的危机和问题，在我看来，我们似乎需要一种全新的道德观和行为，需要由了解整个生命的过程而产生一种行动。这种需要已经非常迫切。我们想用政治的、组织的、经济的方法处理这些问题，用各种改革处理这些问题。可是，这些方法纵然可能暂时解除问题，却不可能一劳永逸解决人类生存的问题。所有的改革措施，不论怎样的广泛，怎样的持久，都会产生混乱，因而本身就需要改革。不了解人复杂的生存状态，改革只会使我们更迷惑，更想改革。改革没完没了，这种方式不是根本的办法。

政治、经济、社会的革命也不是办法。因为，这些手段都会产生可怕的暴政，或者只是权力和权威徒然转移到另一批人手上而已。这样的革命绝对不是混乱与冲突的出路。

但是，有一种革命却完全不同，而且，如果我们真想脱离那无

① 本篇行文中的标题为中文版编者所加，为英文版原文所没有。

休无止的焦虑、冲突、挫折，就必须发生这种革命才可以。这种革命不是从理论、观念开始，却必须从我们的心的根本转变开始。理论、观念到最后总是证明毫无价值。但心的根本转变却只有透过正确的教育和人类的完整发展才有可能。这种革命必须在心的整体当中发生，不能只在思想之内发生。因为，无论如何，思想只是某种结果，不是源头。源头必须根本转变，而不能只是修正。我们目前都是在修补结果，矫治症状。我们并没有在孕育彻底的改变，拔除旧思考方式的根，使我们的心挣脱传统与习惯。

学习不从比较、权威、纪律而来

心的功能在于探索与学习。我说学习，意思并不是记忆的培养和知识的累积，而是从事实出发，不从信仰和理想出发，不为假象所惑，清晰而健全的思考能力。思想若是源自结论，就不是学习。光是获得信息或知识也不是学习。学习表示“了解”的爱，表示为一件事情的本身而做那件事情的爱。完全没有压迫才会有学习。压迫有各种方式，不是吗？用影响力压迫，用执著或威胁压迫，用说服用利诱压迫。

大部分人都认为比较可以促成学习。其实不比较才能促成学习。比较会造成挫折感，只有激起嫉妒而已。所谓的竞争就是这么一回事。比较和各种“说服”一样，都会阻碍学习，制造恐惧。野心也会制造恐惧。野心，不论是个人的野心，还是集体的野心，都是反社会的。种种关系当中所谓高贵的野心（企图心）根本都是破坏性的东西。

我们必须鼓励人发展良好的心。良好的心——能够整体地处理生活的多种问题，不因为逃避而自我矛盾、挫折、痛苦、愤世嫉俗。

除此之外，心还要能够觉察自己所受的制约，了解自己的动机，了解自己在追求什么东西。

发展良好的心是我们主要的关切所在。所以，我们教导人的方法就很重要。教导不能只是传授信息，而是必须培养完整的心。传授知识的过程当中，老师必须邀请学生讨论，鼓励学生独立思考，独立探索。

权威——所谓“知道的人”——在学习中没有位置。老师和学生彼此在他们特殊的关系当中都在学习。这并不是说老师要不管思想的条理。思想的条理不是把纪律当做绝对的知识加在学生身上就可以创造出来的。当老师了解培养智慧得在学生有自由的感觉时，思想的条理自然就产生了。这里所说的自由，不是任性而为的自由，不是互相矛盾乱想的自由。这里的自由是老师帮助学生觉察自己的欲望、动机时产生的自由。学生要经由平常的思想、行为发现自己的欲望、动机。

有纪律的心绝对不自由，压制欲望的心也不曾自由。心灵自由，唯有了解欲望的整个过程才可以。纪律永远拘束着我们的心，使我们的心永远在某种思想或信仰系统的架构内运动，不是吗？这样的心永远不得自由，因而也不可能有智慧。纪律使我们臣服于权威。社会要求的是功能。纪律在这样的社会模式之内赋予我们功能。可是，纪律却唤不醒本身自有其能力的智慧。心除了从记忆培养我们的能力外，培养不出别的东西。这样的心就像电子计算机，虽然功能快速准确，仍然还是机器。权威会说服我们的心按照某一个方向思考。但是，在指定之下按照某种路线或预设的结论思考，根本不是思考。这时心的运作只是人体机器而已，但是却会不知不觉地滋生不满、挫折、痛苦。

我们关切的是每一个人的完整的发展，是帮助他们实现自己最高最圆满的能力——不是老师心目中理想或观念中虚构的能力。个人不论想当科学家还是园丁，凡是比较，都会妨碍他充分成长。若不比较，园丁的最高能力和科学家的其实都一样。但是，一有比较，一边就有贬抑，一边就有嫉妒的反应，如此就在人与人之间引起冲突。然而爱就和悲伤一样，无从比较。爱无从比大比小。爱就是爱，正如悲伤就是悲伤一样。爱和悲伤，不论是穷人还是富翁的爱和悲伤，都一样。

人类的完整发展创造出平等的社会

每一个人完整的发展会创造出平等的社会。目前社会上，虽然意欲在经济或某些精神层面创造平等，可是这种努力实在毫无意义。志在追求平等的社会改革，反而制造了另一种反社会行为。但是，如果给孩子的教育正确的话，我们便无需借社会改革等追求平等，因为，这时已经没有源自比较而生的嫉妒。

在这里，我们必须分辨一下功能和地位是不一样的。地位，连带其阶级和感情上的威望，完全是把人的功能分别高下而产生的。若是每一个人的能力都充分发展，就不会有功能上的比较，有的只是老师、总理、园丁等各种功能的表现，于是地位便失去了“嫉妒”这支螫人的刺。

关于功能或技能，我们现在都是用一个人名下的学位来认识。可是，如果我们真正关切人类充分的发展，我们的态度就完全不同。个人有什么能力的话，他可以接受学位，接受证书，但也可以不接受，随他的意思。除此之外，他清楚自己的能力并不拘限于一个学位之内，发挥自己的能力时，也不会生出纯粹的技能那种自以为是的自信。

这种自以为是的自信是比较的产物，因此是反社会的。比较可以为功用的目的而存在，但是老师却不可以比较学生的能力，从这里做出优劣之分。

既然我们关心的是个人的完整发展，因此刚开始时就不能让学生自己选择科目，因为他可能会依据偏见或一时的心情选择科目，也可能选择最容易的科目，或者根据当时的需要选择科目。但是如果我们帮助他，让他了解并培养自己内在的能力，那么，他就不会专拣简单的科目，而是选择能把能力发挥到极致的科目。从一开始就帮助学生以整体的眼光看生命，知道生命有心理上、理智上、感情上的种种问题，他就不会被生命吓到。

智慧是以整体眼光处理生命的能力。给学生分级，打分数并不能带来智慧。这种方法反而会伤害人的尊严。这种有所比较的评估会残害我们的心。但这并不是说老师不可以观察学生是否进步，并且做记录。家长当然会想知道自己的孩子是否有进步，因此需要看成绩单。糟糕的是，如果家长不了解老师要做什么，成绩单反而成了压制子女的工具，要子女符合他们的要求，因此也影响到老师的努力。

家长应该了解学校能够提供什么样的老师。一般而言，家长总是喜欢看到子女修什么学位，日后可以生活无虞。很少有家长会关心其他的事情。他们当然希望看到子女快乐，可是，除了这种模模糊糊的欲望之外，他们很少想到子女人格的整体发展。大部分家长最想要的，就是子女拥有成功的生涯。他们威吓子女，或动之以情，要他们追求知识。所以书本最重要。但书本纯然只是培养记忆，纯然重复以往的东西，背后并没有真正的思考。

老师面对的问题，最可能的是家长并不关心子女广泛而深入的教育。大部分家长关心的只是培养子女某些知识，希望他们将来在腐败的社会获得人人尊敬的地位。所以，老师不但要正确地教育学生，还要注意别让家长影响学校里任何良好的措施。学校和家庭应该是正确教育的联合中心，彼此绝不能对立——家长要这个东西，老师却想做完全不同的事情。家长要充分了解老师的所作所为，要非常关切子女的完整发展。这一点非常重要。家长和老师一样有责任注意这种教育的实施，因为老师的负担已经够重了。只有老师、学生、家长的关系正确，学生的人格才会有完整的发展。老师不能对家长一时的幻想或顽固的要求退让。家长必须了解老师，和老师合作，不要彼此在孩子身上制造冲突、混乱。

学习的天性与师生关系

孩子有天然的好奇心，有学习的欲望。这是从一开始就有的。老师和家长当然应该鼓励这种好奇心和欲望，使这种好奇心和欲望活泼生气，没有扭曲，然后渐渐引导他学习各种学科。老师和家长如果能够随时鼓励孩子这种渴望学习的天性，这样他研读起数学、地理、历史、科学等才不会有问题，老师也不会有问题。要有快乐的情感，细心的关照——在这种气氛之下，学习才算具备条件。

学生唯有感觉自己和老师的关系很稳定，才能够培养出感情的开放和敏感。小孩子最需要各种关系上的安全感。但是安全感和依赖却很不一样。大部分老师，也许自觉，也许不自觉，都在培养学生的依赖。这就很微妙地引发了学生的恐惧。家长在他们或慈爱或威吓的态度上也是如法炮制。家长和老师对学生该怎么样该怎么做，总有一套权威的或教条的主张。孩子的依赖就是这样造成的。但是依赖的背后总是笼罩着恐惧的阴影。这种恐惧就会强迫孩子毫不思考地遵从、附和，接受长辈的敕令和保护。这种依赖的气氛也就毁了孩子的敏感。可是如果孩子知道自己安全，感觉自己安全，他的感情就会开展出来，不为恐惧所顿挫。

别让孩子心中这种安全感给不安全事物所破坏。孩子是因为轻松——不论是在家里还是学校——感觉自己能做自己，不受强迫做任何事情，才会去爬树，并且知道如果他掉下来，也不会受到斥责。但是只有父母和老师都关切他完整的幸福，他才会有这种安全感。

孩子应该从第一天起在学校里就感到轻松。这一点很重要。第一次的感觉最重要。然而老师如果刻意赢得孩子的信任，才让他做想做的事情，那么老师就是在养成孩子的依赖，而不是给他安全感。这种安全感就是觉得他所在的地方，每个人都很关切他的幸福。

这种新关系的第一次冲击来自于信任。小孩子可能以前不曾有过这种信任，然而此时却会帮助他产生自然的交流。这时少年不会认为长辈是一种威胁，一种可怕的东西。孩子有安全感，就会尊敬种种于他的学习不可缺的人、事、物。这种尊敬会剥除所有的权威和恐惧。孩子有安全感，他的行为或行动就不是大人强加给他的东西，而是自己学习过程的一部分。他感觉和老师的关系很稳定，自然就很体贴，在安全的气氛当中，他的感情自然就会开放，自然就会敏感。孩子因为轻松，因为感到安全，所以他会随心所欲。虽然，随心所欲，却懂得什么事才对，可以做。此时，他的行为就不是来自于抗拒、顽固、压抑情绪或一时的冲劲。

敏感，孤独，冥思

敏感的意思是对自己身边的一切——植物、动物、树木、天空、河水、飞翔的小鸟有感觉，也对身边的人的心情有感觉，对经过旁边的陌生人有感觉。这种敏感会使人对身边的一切有自然流露的、无私的反应。这是真正的道德，真正的德行。小孩子因为敏感，所以行为很开放，不畏缩。这样，遇到什么事，老师只要稍微提示一下，学生就会接受，不会抗拒，也不会产生摩擦。

因为我们关心人类的完整发展，所以必须了解驱策我们人的感情的因素。这种因素的力量比人的理性强太多了。我们必须培养感情的能力，而不是压制感情的能力。只要我们了解理智上的问题，也了解感情的问题，并因而能够处理感情的问题，我们在接触这些问题时就不会感到恐惧。为了一个人完整的发展，孤独作为一种培养敏感的方法是必要的。我们必须了解孤独是怎么一回事，冥思是怎么一回事，死是怎么一回事。要知道孤独的意义，冥思的意义，死的意义，必须追究到底。这些事情的意义是教不来的，我们只有自己学习。也可以指导，不过指导下的学习却不是真正体验孤独或冥思。要体验孤独是怎么一回事，冥思怎么一回事，必须进入探索的状态。只有处在探索状态下的心才有学习的能力。不过，探索的行动如果受到了已有的知识的压制，受到了权威或他人经验的压制，那么学习只会变成模仿。模仿使人缺乏实际的体验，只会人云亦云。

教导也不是传授信息而已，而是要培养人们探究的心。这样的心才能够洞识宗教是怎么一回事，而不只是接受现成的宗教，接受那些寺庙，那些祭典。

追寻上帝或真理，或你喜欢怎么称呼都可以的这种东西，而不是只接受信仰和教条——这才是真正的宗教。

学生每天都要刷牙，洗澡，学习新的东西。同理，学生也必须每天一起静坐，或自己静坐。指导无法创造孤独，传统这种外部权威无法促成孤独，自己想静坐却孤独不起来的人也诱导不了孤独。

孤独帮助我们的心——如同照镜子一般——看清自己，免除因为野心而起的种种徒然的作为，免除其中的种种纷乱、恐惧、挫折。这些纷乱、恐惧、挫折全部是由自以为是的行为产生的。孤独赋予我们的心一种稳定，一种前后一以贯之。这种一以贯之超乎时间所能测度。心的这种清明就是品德。自相矛盾就没有品德。

爱

人如果敏感就能爱。“爱”这个字不等于爱。爱不能分割为爱上帝和爱一般人，也不能计算它是爱一个人还是爱很多人。爱丰沛的给予一如花朵散发芳香。可是在我们的种种关系当中，我们常常计较爱，所以也毁了爱。

爱不是改革家或社会工作人员的商品，不是政客制造行动的工具。政客、改革家讲到爱，常常只是在利用这个字，却不曾触及它的真实况味。不论是眼前还是许久的将来，你都不能拿它当工具追求什么目的。爱属于整个地球，不属于哪一块田地，哪一片森林。真实的爱不由任何一个宗教包办。教会一讲这个字，爱就不再是爱。社会、教会、政府如此孜孜不倦地做那么多事，却毁掉了原本可能变成行动之热情的爱。

要以正确的教育使人类完整的发展，爱这种素质必须一开始就很充沛，并且要可长可久。爱不是多愁善感，不是奉献。爱和死亡一样强健。爱不能用知识购买。追求知识而没有爱的人，做事无情，只知道追求效率。

所以，老师必须从一开始就关心爱这种素质。爱是谦卑、温柔、体贴、耐心、礼敬。受到正确教育的人，他内心自然谦逊、礼敬。

他体贴万物——包括动物、植物——这种体贴会从他的行为和讲话的态度反应出来。

注重爱这种素质，使我们的心不会一味沉浸在野心、贪婪、获取当中。爱不是有一种“美好”,表现出来即成尊重与良好的品味吗?爱不是会使我们的心净化吗？如若不然，我们的心不就日益傲慢了吗？行为的“美好”并非由自己调整、适应而来，而是随着爱这种素质自然流露。只要了解爱，我们便会以健康的态度看待性的问题，人与人的关系一切复杂微妙的事情，而不是激动，忧虑。

性

人类的完整发展在老师是第一重要的事情。由于性在我们的生活中扮演了很重要的角色，所以老师必须了解性欲的意义，并且从一开始就能满足孩子自然的好奇心，但是却不激起病态的兴趣。在学生的青春期，如果学生没有感受到爱这种品质，那么，纯粹的传授生物学方面的知识将使学生产生想要实验的欲望。爱会清洗我们的心，使我们的心免于邪恶。老师如果缺乏爱与了解，那么，不论你是用规定，还是铁丝网把男生和女生分开，都只会助长他们的好奇心，引起他们的激情。这种激情到最后一定退化成纯粹追求满足。所以，重要的是男女生可以在一起接受正确的教育。

这种爱还要从用手做事上面表现出来，从感官方面表现出来。前者，学生可以做园艺、木工、绘画、手工艺。后者，学生可以观赏树木、山岳、丰美的地球，听音乐、鸟鸣、河水淙淙，乃至于观察人类替自己制造的贫穷。

身　体

但是，我们并不只关心心灵的培育和唤醒感情的敏感而已。我们也很关心学生身体的完整发展。这一点我们必须非常用心。身体如果不健康，不活力充沛，必然会扭曲我们的思想，使我们的感情变得很迟钝。这一点实在太明显了，我们不必再详细讨论。身体必须非常健康，饮食必须适当，睡眠必须充分。感官如果不清醒，身体本身就会妨碍我们发展为完整的人。要动作优雅，肌肉控制平衡，就要做各种运动和游戏。身体不干净，邋遢，姿势不良，都不利于我们的心和感情之敏感。身体并不是心的工具，不过完整的人却是由身体、感情、心构成。三者若不和谐，必然产生冲突。

冲突使我们鲁钝。此时心会凌越身体，扼制感官，因而使我们的身体笨拙。笨拙的身体会妨碍我们的心，使我们的心没有办法完全发展。身体受委屈，绝对不利于我们追寻深层意识。要追寻深层的意识，唯有心、感情、身体不互相矛盾，完整而统一，无为，不受任何概念、信仰、理想的驱使才有可能。

关　注

心的培育，重点应该放在关注而不是专注。专注使我们的心只注意一个点，但是关注却没有边界。心在专注的过程当中往往止于边缘或疆界。但是如果真的想了解心的整体，那么专注就会成为阻碍。关注是无限的，没有一般知识的疆界。知识由专注而来，不论怎么延伸，依然在自己的疆界里面。心在关注的过程中可以用到知识，也的确常用到知识。知识必然是专注的结果。但是部分并不是全部。集合众多部分也成不了整体。知识属于专注这种增添方式的过程，所以无法使我们了解那无可思量的东西。整体绝对不在专注的心的括号里面。

所以关注是第一重要，不过却无法经由努力于专注而来。关注这种状态里面，心永远在学习，可是却没有一个知识围绕其间以累积成经验的中心。心若是专注于自己，就会以知识为手段，扩张自己。但是这样的活动最后将变成自相矛盾，而且反社会。

学习，就这两个字的真正意义而言，只有在既无外在冲动又无内在冲动的关注状态中才有可能。我们的心不为传统或记忆所役使，才会有正确的思考。心是开向创造的门，而因为关注，所以心才会静。因此，关注最为重要。

要培育我们的心，知识作为一种功能面上的手段乃是必要的，但是却不能变成目的。我们并不关心单单一种能力——譬如数学，譬如科学，譬如音乐——的发展。我们关心的是学生身为人的完整发展。

怎样才会有关注状态？说服、比较、赏罚无法培育关注状态，因为这些全是压制。消除恐惧是关注的开始。只要还想成为什么，变成什么，也就是只要还想追求成功，因而遭遇其中的挫折、矛盾，就必然有恐惧。专注可以教，关注却教不来。同理，脱离恐惧也是教不来的。可是我们却可以找到恐惧的成因。了解恐惧的成因，自然就能消除恐惧。学生身处的环境有平安的气氛，学生自然而然就会关注。这时的他们有安全感，感觉轻松，又能觉察到自己因为爱而产生无欲的行动。爱不比较，所以嫉妒随之止息，“想成为什么”的折磨亦随之止息。

不满之火烧掉“满足”的碎屑

我们每一个人，不论老少，心里总是感到不满。有些人找到了满足的方法，可是从此也使我们的心开始沉睡。苦使我们一次又一次地感到不满，但是我们的心也不断地在寻求解答。我们的心陷在不满和满足的不断轮替当中。但我们的不满其中有一部分，不断因为痛苦而觉醒。所以不满乃是探索之道。不过如果我们的心为传统束缚，为理想束缚，就无法探索。关注之情燃烧起来就成为探索之火。

所谓不满，我的意思是心虽然了解当下即是，了解实际状况，却还想探索其他的东西。不满是一种企图超越当下即是界线的运动。但是你如果找到方法和手段，抚平或克服不满，你就等于是接受了以自我为中心的活动的狭隘，接受了社会的狭隘。

不满是火焰，烧掉了“满足”的碎屑。不过大部分人却用各种方法化解不满。于是我们的不满变成了追求更多的东西——要大房子，要高级汽车，等等。这一切全部属于嫉妒的范畴。嫉妒使我们不满。不过我说的不满却是一种没有嫉妒的不满，不贪图“更多”的不满，不是因为欲求满足而起的不满。我说的不满是一种没有污染的状态。这种没有污染的不满，如果不是因为错误的教育，如果不是因为各种解决不满的方法，如果不是因为野心，如果不是因为追求理想，事实上存在于我们每一个人心里。我们如果能够了解真正的不满，就会看到关注是这一把火的一部分。这一把火会烧掉自我封闭式的追求与卑下的满足，使我们的心挣脱这种追求与满足的狭隘。

所以，唯有不依据自我增进或满足而进行的探索，才会有关注这一回事。我们必须一开始就从小孩子身上培养这种关注。你会发现，只要有爱——表现在谦卑、恭敬、耐心、温柔之上——你就会立刻脱离那些使我们的心迟钝的障碍。所以，只要有爱，你就能够在孩子还很小的时候，就在他们心里培养出这种关注状态。

关注这种东西无从学习，但是你却能够帮助学生唤醒心里的这种关注之情，也就是不要在学生周遭制造强迫的感觉，因为，这种感觉会使学生的存在状态自相矛盾。不制造强迫的感觉，不管你给学生什么题材，他的关注之情随时都可以集中在上面。但是这种集中绝不是那种想要有所得，或有所成就的强迫性冲动造成的狭隘的专注。

只要有一代人接受这样的教育，这一代人就不会有占有欲，不会有恐惧。占有欲和恐惧乃是他们的父母和社会的心理资产。但是由于他们接受了正确的教育，所以他们就不会依赖这种遗产。否则这种遗产将毁掉他们真正的独立性，而且使他们的智慧不得发展，因为这种遗产会制造一种虚假的安全感，使孩子产生毫无根据的自信，在他们心中制造出一片黑暗，使任何新事物都难以发展。但是若能有一代人接受这种完全不同的教育，这一代人将创造出新的社会，因为这时他们的智慧已经不受恐惧的阻碍，因而也会拥有这种智慧具有的能力。

合作的艺术

但是教育既是老师的责任，也是父母的责任，所以我们必须学习合作的艺术。但合作唯有每一个人都知觉真实状况时才有可能。知觉真实状况，我们才会互相结合起来，信仰、意见、理论不会使我们互相结合。概念和事实差别极大。概念或许一时间能使我们互相结合，可是，如果我们的合作是因为信仰，终究还是要分裂。但是，如果每个人都认识真实状况，纵然可能在小地方彼此不以为然，却不会想到要分开。只有蠢蛋才会为小事情闹分裂。所有的人都了解真相，细节就不会变成互相倾轧的问题。

大部分人都习惯在既有的权威之下合作。我们为了某一个观念而合作，为追求某一个理想而合作，就需要信仰、说服、宣传等等。这种合作完全不同于因为了解真相，因为必须付诸行动而合作。因为权威——不管这权威是一种理想，或是代表理想的某一个人——而合作，并不是真正的合作。某个中心权威，无所不知或性格强悍，又固执于某些观念。这个人或许能够强迫别人，或用巧妙的方法说服别人，替他所谓的理想效力。但是这种效力，当然不是一些有生命而清醒的人在一起做事。不过，不论是什么问题，只要每一个人都了解真相，那么，这种共同的了解就会使我们起而行动，这种行动就是合作。一个人愿意和他人合作，是因为他了解真相之为真相，虚假之为虚假，也了解虚假中的真相。这样的人，也懂得何时不与人合作。懂得不合作和懂得合作一样重要。

如果每一个人都了解教育有必要根本的革命，也认知今天讨论的这些东西的真相，那么，我们不需要什么说服的工夫，就会起而共同努力。一个人已经采取某种立场，不愿意动，才需要说服。他相信某一个观念，陷在某一种意见当中，于是和他人形成对立。这时的他或对方就需要说服，需要影响，需要诱导到不同的思考方式。但是，如果我们每一个人都了解事情的真相，就不会发生这种情形。然而，如果看不到事情的真相，完全根据说说而已的信仰，或理智的理解采取行动，我们就会有斗争，有同意或不苟同，连带地产生一些扭曲，一些无用的努力。

我们必须一起努力——仿佛要一起盖房子一样。这是一定要的。

如果说，我们有一些人在盖房子，另外一些人又把它拆掉，那么永远也盖不起房子。所以，我们必须实施一种能使新一代人完整地，而非部分地处理生活问题的教育。我们每一个人都必须确定已经看到这一点，了解这一点。

要在这种真正的合作之下共同努力，我们必须常常见面，并且注意别沉溺在琐碎的细节上面。我们这些有心要建立正确教育制度的人，不但有责任将自己了解的事物付诸行动，而且还要帮助别人了解这些事物。教育实在是最高贵的行业——如果可以说是行业的话。这种艺术不但要在知识上有所成就，而且要有无限的爱和耐心。真正的受教育就是了解我们在广大的生存领域之内与一切事物——金钱、财产、他人、大自然等——的关系。

美：渴望纯朴而放弃自我中心

美是这种了解的一部分。这里所说的美并非只是比例、形式、品味、行为的美。美是我们的心为了渴望纯朴，而放弃自我这个中心。纯朴没有止境，只有在没有刻意的戒律，和自我否定之下产生的单纯，才会有这种内心的纯朴。单纯是一种无我。只有爱才能创造这种无我。没有爱，我们创造的文明只会追求形式的美，却缺乏纯朴的无我那种生命力与单纯。把自我奉献给理想、信仰、美好的工作，就不可能无我。这些活动看似无我，其实“我”还是贴上各种标签在底下运作。但是只有纯朴的心才有办法探索未知。不过，刻意的纯朴——缠腰布穿僧袍那种纯朴——并不等于热切的纯朴；热切的纯朴使我们恭敬，温柔，谦卑，忍耐——这些都是爱的表现。

大部分人知道的美，都是由创作或组合而成——譬如人体之美，宗庙殿堂之美。我们说树木很美，说房子很美，说某一条蜿蜒的河流很美。然后，经由比较，我们又知道丑是怎么一回事——至少自认为知道丑是怎么一回事。然而，美是可以比较的吗？事实上，我们是从接受的教导，从已经熟悉，形成意见的事物，才会认为某一幅画，某一首诗，某个人的脸庞很美。可是，一比较，美不就没有了吗？难道熟悉已知的事物就是美吗？美是不是或许有创作形式，或许没有创作形式的存在状态？

我们人总是追求美而逃避丑。这种掌握其一逃避另一，而使自己丰富的方式，不可避免地一定会使我们感情迟钝。但是，要了解或感受美，却必须对所谓的美和丑都要敏感才行。感受就是感受，本身无所谓美丑。不过，我们却常常用所受到的宗教或社会制约看它，为它贴上标签。我们会说某种感觉很好或不好——如此这般地扭曲它或毁了它。不替感觉贴标签，感觉就会一直很鲜活。要了解那既非丑也非美的东西，就不能缺少这种热烈的鲜活感。持久不坠的感觉一直是最重要的东西。这种热烈并非只求自己满足的嗜欲，因为就是这种热烈在创造美，而且，因为无从比较，所以不会有什么东西和它对立。

潜意识：隐藏的心

另外，若要使人完整的发展，显然还要充分关照人的潜意识。不了解人的潜意识，光是教育人的意识，将使人的生活自相矛盾，连带造成生活的种种挫折、痛苦。事实上，隐藏起来的心比表面的心力量更强。可是老师们大部分只关切为表面的心授业解惑，以便学生日后能够适应社会，找到工作。所以，总是很少触及另外那个隐藏的心。所谓教育，所作所为无非就是灌输给学生某一个层次内的知识和技术，以及适应环境的能力。

表面的心不论受过多好的教育，不论适应的能力有多强，都比不上隐藏的心那么有潜力。不过隐藏的心并不是什么神秘的东西。隐藏的心，或者说，潜意识的心，是种族记忆库。某一种族的传统、宗教、迷信、象征、文学——不论阳春白雪，还是下里巴人——产生的影响、抱负、挫折、礼仪，各种饮食，都深植在潜意识里。我们那些明白表露的欲望或秘密的欲望，连带其动机、希望、恐惧、悲伤与快乐，加上为了欲求平安而持有的信仰——这一切都包含在隐藏的心里面。这个隐藏的心不但具有超凡的能力，能够保留过去这些东西，还能影响未来。表面的心如果没有完全盘踞日常生活的事情，就会通过做梦等方式，接受到这些东西的暗示。

隐藏的心没有什么神圣不凡，也没有什么好害怕的，要让表面的心见到它也不需要什么专家。不过，鉴于隐藏的心能力那么巨大，表面的心虽然想处理，却是力有未逮。讲到要处理那隐藏的心，表面的心是相当无能的。它不论怎样努力，企图主宰、塑造、控制隐藏的心，由于它总是受到社会的规范与要求，所以往往只能搔到表面。因此两者之间老是分裂、矛盾。我们虽然用纪律，用赏罚，用各种方法想要弥补这种分裂，但就是衔接不起来。

意识心盘踞的是眼前的、有限的现在，潜意识却背负着几千年的重担。所以纵然有急迫的需要，还是无法抵挡或翻转的。潜意识的时间感很深邃，意识心拥有的却是最新的文化，它眼前种种迫切的需要，根本无法处理潜意识。表面的心必须了解这个事实，沉静无为，才能去除自相矛盾这一回事。沉静无为并不是说要任隐藏的心为所欲为。只是，只要表面的心和隐藏的心不再互相抗拒，那么，隐藏的心，因为拥有长时间的耐性，所以就不会抵抗眼前的事物。

隐藏的、未探索的、不了解的心，在表面的心“受过教育”之下，遭遇到现在的一刻种种的要求和挑战。表面的心对这种挑战或许有办法应付，但是，因为表面的心和隐藏的心之间互相有矛盾，所以不管表面的心经历什么东西，都只会使自身和隐藏的心更加冲突。这又造成经验，使过去与现在之间的裂痕更加扩大。表面的心体验外在，却不了解内在，不了解隐藏的心，因而只有造成更大更深的冲突而已。

我们常常以为经验会解放或丰富我们的心灵，其实不然。只要经验一直在强化经验者，就必然会产生冲突。饱受制约的心，一有经验，只有更加强化制约状态，因而使得矛盾和痛苦更加不能化解。唯有心有能力了解自己的百般样态，经验才能够成为解放的力量。

要能够了解隐藏的心各个层面的力量与能力，才能够明智地、睿智地看待细节。重要的是了解这些隐藏的东西，而非只是教育人浅薄的心获得知识——不管这个知识多么必要都一样。了解这些隐藏的东西会使整个心从冲突中解脱。只有这个时候才有智慧可言。

人浅薄的心活在日常生活中，我们必须唤醒它的全部能力，同时了解那些隐藏的东西。了解那些隐藏的东西，这种了解里面有的是完整的生命，那些自我矛盾，那些交相出现的悲伤与快乐，在这种完整的生命当中将完全止息。所以我们必须熟识那个隐藏的心，觉察它的作用，但是也不能一直在意，过度地看重；这一点同样重要。心唯有了解那些浅薄的东西，那些隐藏的东西，才能够超越自己的局限，发现那不属于时间的至福。

从已知中解脱

一、觉察、了解、学习自己和获得有关自己的知识是不同的①

如果各位是因为我或什么人告诉你们了解自己非常重要，所以你们就认为了解自己非常重要，那么，恐怕我们之间的交流就要停止了。可是如果各位都同意了解自己非常重要，那么各位和我的关系就完全不同，我们就可以快乐地、用心地、智慧地一起做一次探讨。

我不要求各位信仰，不自立为权威。我没有什么东西——没有哲学，没有体系，没有认识实相的新路——可以教你们。认识实相如同认识真理一样，没有什么道路可循。所有的权威，不论是哪一种权威，尤其思想和理解方面的权威，最是邪恶，破坏性最大。教主败坏信徒，信徒败坏教主。所以你一定要做自己的老师，自己的学生。凡是人们已经接受，认为必要，有价值的，你都要质疑。

不追随某一个人，你会觉得很孤单。那就孤单吧！你为什么害怕孤单，那是因为你一孤单，你就要面对自己，你就会发现自己空

① 本篇行文中的标题为中文版编者所加，为英文版原文所没有。

虚，迟钝，愚蠢，丑陋，焦虑，充满罪恶感，发现自己卑贱，发现自己是假货，二手货。但是，你要面对这个事实，看着它，不要逃避。你一逃避，恐惧就开始了。

要探索自己，我们就不能孤立于世间之外。孤立于世间之外并不健康。全世界的人都陷在因为自己而起的问题当中。所以，要探究自己，我们不能有一点点的神经质，因为，个人和集体是没有分别的。这是事实。我是怎么样，我就把世界创造成怎么样。所以我们千万不要在部分与整体的战争中迷失。

我必须觉察我的自我的整个领域。个人的意识加上社会意识就是我的自我。觉察这整个领域，我们的心超越了个人和社会意识，这时我才能做自己的明灯，永不熄灭。

那么，要了解自己，要从哪里开始呢？我在这里，我怎样开始探究自己，观察自己，看见自己内在实际发生的事情呢？我只有在各种关系当中才有办法观察自己，因为，生活的一切都是关系。独坐角落，冥想自己的事是没有用的。我不可能独自一人生存。我完全存在于我和他人、事物、观念的关系当中。探讨我和内在事物的关系，也探讨我和外在事物与人的关系，我才开始了解我自己。要了解自己，除了这种方法，其他的方法都是抽象的。但我没有办法抽象地了解自己。我不是抽象的东西，所以我必须在实际事物中探讨自己——探讨我之为我，而非探讨我之希望自己为何。

“了解”这个过程不是理智的过程。学习到自己的事和获得有关于自己的知识是不一样的。你累积的有关自己的知识往往属于过去。但背负着过去的心却是悲伤的心。学习自己的事和学习语言、技术、科学不一样，否则你就必须累积，记忆。所有的事情重来一次实在很荒唐——在心理的领域里，学习自己的事都必须在现在，但是知识属于过去。只是大部分人都活在过去，都喜欢过去，所以知识于我们就变得十分重要。就是这个道理，我们才很崇拜博学之士，崇拜聪明的人，崇拜狡猾的人。可是，如果你随时在学习，每一分钟都在学习，用观察和聆听学习，用看和做学习，那么，你就会发现学习是持续不断的运动，其中没有过去。

你说你要慢慢地来，渐进地来，一步一步加上去，一点一滴加上去。但这就不是在学习自己之所以为自己，却是在用已有的知识学习自己。学习必须非常敏感。但是一存有观念,由于观念属于过去，但又影响现在，人就没有敏感可言。这一来，我们的心就不再敏捷，柔软，清醒。不过大部分人确实都不敏感——连身体都不敏感。我们吃太多，我们嫌适当的饮食太麻烦，我们抽烟抽太多，喝酒喝太多，所以我们的身体变得粗重、笨拙。这个有机体内在本有的“关注”素质也迟钝了起来。如果身体这个有机体本身都迟钝、笨拙了，我们的心怎么可能警觉，敏感，明智？或许有些事情很令我们感动，所以我们很敏感。但是除此之外,要对生活中的一切事物的含意敏感，却必须不分割身体和心灵。两者是一个整体的运动。

不管什么事，若想要了解，都必须与它活在一起，观察，知道它的内容、性质、结构、运动方式。各位有没有尝试过和自己活在一起是什么感觉？如果有的话，各位就会发现你自己并不是静态的，却是一直清新地活着。要和清新活着的东西活在一起，你的心也必须活着才行。但是，如果你陷在一大堆意见、判断、价值观里面，你的心就活不起来。

要观察自己的脑和心的运动，要观察自己整个存在状态的运动，你的心必须自由。你的心不能同意这个，不同意那个，不能在争论中采取一边的立场，不能光是在言辞上辩论，而是要依循一种意欲了解的意图。这种事很难，因为大部分人总是不知道怎样看，怎样听我们自身的存在状态，就好比不懂得欣赏河流的美，聆听林木之间的微风一样。

我们谴责，找借口的时候，就看不清楚事情。我们的心要是喋喋不休，一样看不清楚事情。这时我们就不是在观察当下即是，而是看到自己制造的种种投射。每一个人对自己都存有形象，认为自己是怎么样的人，或应该是怎么样的人。只是这一个形象，这一张图画却阻碍了我们，使我们看不到真正的自己。

单纯地看事情是世界上最难的一件事。因为，我们的心已经非常复杂，早就失去了单纯的素质。我说的单纯，指的不是穿衣吃饭很朴素简单，不是缠腰布，打破断食记录，不是所谓的圣贤励志的这一类幼稚荒唐的事情。我说的单纯，指的是看事情直接而没有恐惧，确实地看自己而没有扭曲，自己说谎就说自己说谎，不掩饰，不逃避。

另外，要了解自己，我们还要非常谦卑。假如你一开始就说“我了解自己”，你就无法再学习自己的事情。或者你说“关于我自己，没什么东西好学的，我只是一团记忆、观念、经验、传统”，这样的话，你也无法学习自己的事情。你一有所成，那一刻你就不再纯真，谦卑。你一有结论，一开始用知识检查事情，你就完了，因为你是在用旧观点看现下活着的东西。然而，要是你不采取立场，不那么肯定，不成就什么东西，你就自由了——自由地看，自由地达成。能够自由地看事情，事情就永远是新的。自信满满的人其实是死人。

但是，我们的心既然从生到死都在某一种文化之中，以“我”这个狭隘的模式接受塑造，我们又如何能够自由地看，自由地学习呢？几千年来，我们饱受国籍、民族、阶级、传统、宗教、语言、教育、文学、艺术、风俗习惯、各种宣传、经济压力、食物、气候、家庭、朋友、经验——一切你想得到的东西的制约，所以一碰到问题，我们的反应也都受到了制约。

但是，你是否觉察到自己受到了制约？你第一个要问的是这个问题，而不是怎样解除制约。你从来不曾解除制约。然后你说“我一定要解除制约”。这一来，你又陷入了另一种制约。你是否觉察到自己受到的制约？你看到一棵树，你就说“这是橡树”，“这是菩提树”。但各位是否知道，即使只是讲出树木的名称，你的心也已经深深受到这些植物学知识的制约，这些文字梗在你和真正的看见之间？要接触树木，你必须去摸树木，文字绝对无法帮助你触摸树木。

你怎么知道自己受到制约？什么东西来告诉你？什么东西告诉你，说你肚子饿了——不是告诉你理论的饿，而是真正饿的事实？同理，你怎样发现自己受到制约的事实？不就是你对问题的反应，对挑战的反应吗？你根据自己所受的制约对挑战起反应，而由于你的制约是残缺的，所以你的反应也就跟着不足。

你觉察到这一点以后，这种种族的、宗教的、文化的制约会不会让你觉得束缚？我们只看国家这种制约好了。你很认真地、完全地觉察一下这种制约，看看你是喜欢呢，还是在反抗？如果你在反抗，再看看你是否愿意冲决所有的制约。如果你满足于这些制约，你显然不会采取任何行动。但是，如果你不满，你一觉察到这种制约，你就会恍然大悟原来自己不管做什么事，背后无不有制约。都有！因此，你其实一直和死东西活在过去。

只有在快乐的延续和逃避痛苦两者的冲突当中，你才会看到自己怎样饱受制约。你凡事顺心，你老婆爱你，你也爱你老婆，你很有钱，房子漂亮舒适，孩子乖巧。这时你是绝对不会觉察到自己饱受制约的。可是一旦这些东西有了波折——你老婆在想别人，你损失钱财，发生战争或者什么令人痛苦、着急的事情，这时你就会知道原来自己饱受制约。大部分人大部分时候——不论表面或内心深处——都有纷扰。这种纷扰本身就已经表示我们是饱受制约的。动物，你抚摸它，它自然投桃报李。可是一旦受到了敌视，它天性中的残暴将表露无遗。

我们的生活、政治、经济总是纷扰不断。整个的世界，还有我们的悲伤、残暴、恐怖——这一切都让我们明白，我们已经给制约得多么狭隘。那么，我们该怎么办？是和多数人一样，接受这些纷扰，与之同在？习惯它如同习惯长期头痛一般？还是只有忍受？

我们每一个人都有一种倾向，会忍受事情，习惯事情，怪罪环境。我们会说“如果当时事情没有出错，我今天就不一样了”，“只要有机会，我就会完成心愿”，“整件事情根本对我不公平”，等等，总是怪罪别人，怪罪环境，怪罪经济情势。

一个人如果习惯于纷扰，表示他的心已经迟钝了。这就好比一个人已经习惯自身周遭的美，于是视而不见一样。他变得冷漠，僵硬，一颗心也越来越迟钝。他如果不习惯于纷扰，他就逃避，方法是嗑药，参加政治团体，叫嚣，写东西，看足球赛，上教堂或寺庙参拜，找什么娱乐做。

我们为什么会逃避事实？我们怕死——我只是举例——于是便发明种种理论、希望、信仰，把死亡这个事实装扮起来。不过事实就是事实，它并没有走开。要了解事实，我们就必须正视事实，不能逃避。大多数人不但怕死，也怕生。我们为家人担惊受怕，我们怕舆论，怕失去工作，怕不平安，怕一大堆事情。但简单明白的事实是我们害怕，不是我们去害怕这个或那个。那么，我们为什么没有办法面对事实？

你只有在现在才有办法面对事实。但是，你因为逃避，所以总是不让它存在于现在，所以你总是无法面对它。由于我们建造了整个逃避的网络，所以也养成了逃避的习惯。

但是，如果你还敏感，还认真的话，你将不只觉察到自己所受的制约，而且还会觉察到这种制约造成的危险，觉察这种制约造成了什么样的残酷和仇恨。那么，既然你看到了这种危险，你为什么不行动？是因为你懒惰，因为没有力气而懒惰吗？然而你如果在路上碰到蛇，碰到悬崖，碰到火灾，你是不会没有力气的。那么，为什么你看到制约造成的危险，却不采取行动？你要是看到民族主义的危险，你会不会采取行动？

答案是你根本没看到。你也许可以从理智的分析，知道民族主义会造成毁灭。但是你这个知道里面却没有感情。人要有感情，才会有生命。

如果你只是用理智的概念来看制约带来的危险，你就不会有任何行动。把危险看成概念，这个概念和行动之间就产生冲突。然后这个冲突便耗去了你的力气。你只有当下看见制约和制约造成的危险，如同看到眼前有一座悬崖一般，你才会行动。所以，见即是行。

大部分人总是漫不经心走过人生，根据自己生长的环境，毫不思索地反应事情，结果只是制造了更大的束缚，更多的制约。可是，你一旦开始全神贯注于所受的制约，就会发现自己已经摆脱过去，过去从你身上自然脱落。

二、人有没有可能活在没有快乐，却是大欢喜的世界？

前一章[①] 我们说欢喜和快乐是完全不同的东西。所以现在就让我们来探讨快乐涉及什么东西，同时也探讨一下我们到底有没有可能活在一个没有快乐，却是大欢喜的世界，至福的世界。

---

① 本章共有五节，皆为分别摘录之内容，文意并不连贯。故此地所谓“前一章”并非指本章的第一节。

我们每一个人都在追求快乐，追求某一种快乐——知识的、感官的、文化的快乐，改革的快乐，指使他人的快乐，惩治恶人的快乐，为善的快乐，知识丰富的快乐，身体健康的快乐，美好经验的快乐，了解生命的快乐等一切聪明的、慧黠的思想事物。当然，最大的快乐就是相信上帝。

社会的结构整个就是快乐。我们从生到死，公开地、偷偷地、狡猾地，一直都在追求快乐。所以我认为，不论追求的是哪一种快乐，我们都应该非常清楚，因为它将引导我们的生活，塑造我们的生活。因此每一个人都应该用心地、再三斟酌地、仔细地研究一下快乐这个问题。这一点很重要，因为，寻找快乐，进而维持快乐，增进快乐，乃是生活的基本要求。没有快乐，生活就会变得沉闷、愚蠢、寂寞、无意义。

也许你会问，为什么生活不应该由快乐引导？理由很简单，那就是，快乐必然会带来痛苦、挫折、悲伤、恐惧，由于恐惧，又带来残暴。如果你想这样生活，那么你就这样生活吧！反正世人大部分都是这样生活的。不过，如果你想免于悲伤，你就必须了解快乐的整个结构。

了解快乐并不需要否定快乐。我们不谴责快乐，不说它对或错。但是，如果我们追求快乐，我们就必须把眼睛睁大，清楚地知道老是追求快乐的心最后必然也会发现它的肤浅，它的痛苦。我们虽然总是逃避痛苦，追逐快乐，不过两者却是分不开的。

那么，我们的心为什么一直需要快乐？为什么在快乐的潜流之上，我们做尽一切高贵与卑鄙的事情？我们为什么攀在快乐的细线上宁可牺牲，受苦？快乐是什么东西，又是如何产生？我不知道各位是否有人打破沙锅问到底，问过自己这些问题？

快乐的产生分成四个阶段，也就是知觉、感觉、接触、欲望。譬如，我看到一辆汽车很漂亮，接着我便去注视，注意，于是产生了感觉，产生了反应。接着我去摸这一辆汽车，或者想象自己摸这一辆汽车，于是产生拥有和炫耀的欲望。或者我看到天空衬托之下一片美丽的云，一座漂亮的山，春天里长出的一片新叶，翠绿的山谷，灿烂的夕阳，某个人漂亮聪明的脸庞。我看到这些东西，感到很愉快。我观察这些东西，连观察者都消失，有的只是类似于爱那样纯粹的美。有那么一刻，我完全忘了我的问题、焦虑、痛苦——有的只是美那一回奇妙的事。我也许是看到它觉得很愉快，然后下一刻就忘记。也可能思想在下一刻跑进来，于是问题就开始了。我的心开始在想刚刚看到的东西，觉得它好漂亮。我告诉自己要再看它很多遍。我的思想开始比较，判断，然后说“我明天要再看到”。某一种经验给了我们一秒钟的愉快，思想就想延续这种愉快。

性欲或任何一种欲望都是这样。欲望没有什么不对。有反应也很正常。你拿针刺我，除非我已经瘫痪麻痹，否则我一定会有反应。可是有了愉快的反应之后，思想就会走进来，回味刚刚有的愉快，转变成快乐。思想想要重复这种经验。但越重复，就越机械化。你想得越多，思想赋予快乐的力量就越大。思想以欲望制造并延续快乐。所以思想把欲望对美丽事物的自然反应颠倒了，把它变成记忆，而记忆又因为不断地想而更加牢固。

当然，记忆在某一个层面有它的地位。日常生活当中要是没有记忆，我们就没办法做事。记忆在它本身的领域必须非常有效。不过，我们人有一种心灵状态，记忆在这种状态里毫无地位可言。心没有因为记忆而残缺，才会有真正的自由。

不知道各位有没有发现，每次你对事情用整颗心，很完整地反应时，你就不太记得事情的过程？你没有用全部的生命响应挑战，才会有冲突、挣扎。这就造成混乱与快乐或痛苦。挣扎造成记忆。

这个记忆再和原先的记忆合在一起，然后这些记忆再对事情起反应。不管什么东西，只要是记忆的产物，就必然是旧东西，因此也绝对不自由。所谓思想的自由这种东西是没有的。有之，即是胡说八道。

思想向来就不是新的东西，因为思想是由记忆、经验、知识所起的反应。由于思想是旧的，所以使你原本愉快地看着、感觉很好的事情也变成了旧的东西。你是从旧的事情得到快乐，绝对不是从新的事情。

如果你看事情都能够不让快乐渗进来——看某人美丽的脸，看小鸟，看纱丽的色彩，看水在阳光下闪烁，看任何使人快乐的东西——如果你看这些东西，而没有想要重复其中快乐的经验，那么，你就不会有痛苦，不会有恐惧，有的——因而——是大欢喜。

因为挣扎着想要重复快乐，延续快乐，所以才把快乐变痛苦。各位注意看自己内心这一回事。就因为想重复快乐，但由于快乐已经和昨天不一样，所以就造成了痛苦。你努力要获得同样的快乐，不但想满足你美的感觉，还要达到心里相同的品质。但是接着你受到了否决。于是你失望，受伤。

各位是否观察过，你小小的快乐受到否决时，会有什么情形发生？你想要一件东西，你得不到，于是你着急，嫉妒，怨恨。你喝酒的快乐，抽烟的快乐，性爱的快乐——不管什么快乐受到否决时，你是否注意到自己经历了什么样的挣扎？而这一切挣扎即是恐惧，不是吗？你害怕自己所有的东西，要不就是害怕得不到想要的东西。多年来你坚信某一种信仰，某一种意识形态，现在逻辑或生活却要来推翻或剥夺，你不是会害怕孑然孤立吗？那种信仰给了你满足和快乐。现在它给夺走了。于是你搁浅在那里，感到空虚，恐惧——直到你找到另一种信仰，另一种快乐而后止。

对我来说，这一切多么简单明白。不过，就是因为太简单明白，我们反而不肯正视。我们总喜欢把事情都弄得很复杂。可是，如果你老婆要离开你，你不是很嫉妒吗？你不是很恨另外那个男人吗？这一切，除了害怕失去曾经给你伴侣，给你极大的快乐、安全、满足的东西之外，还会是什么？

所以，如果你了解只要追寻快乐，就必然有痛苦，那么，假若你想过那样的生活，请便。不过，如果你想结束快乐，也就是结束痛苦，那么，你就必须全心全意地观察整个快乐的结构，不要像僧侣一样，排斥快乐的事情，认为看女人是罪，就不敢看女人，从而毁掉了理解上的生命力。你要了解快乐的全部意义。这样你才会有生活的大欢喜。欢喜不是用思考的。欢喜是当下的事情；你一思考，就把它变成快乐。活在当下，你不追寻快乐，可是却立即知觉到当下的美与大欢喜。

三、我们是否可能消除内心的残暴，创造一种不同的生活方式？

恐惧、快乐、悲伤、思想、残暴都是互相有关联的。大部分人都会从残暴，从不喜欢人，从仇视某一种族或某一团体，从憎恨他人得到快乐。可是有一种心灵状态却是其中的残暴尽皆止息，反而有一种和残暴及其冲突、憎恨、恐惧很不一样的欢喜。

我们是否可能深究残暴的根源，因而去除残暴？如若不然，我们将永远活在和自己的斗争当中。如果你想这样生活——显然很多人都想——那就请便。如果你说“抱歉，残暴是不可能止息的”，那么，你已经把自己堵住，我们已经无法沟通。如果你说活着可以另有生活之道，那么，我们便可以互相沟通。

所以，我们这些人，我们这些能够沟通的人，可以互相探讨一下，我们是否可能活在这个残酷的世界，但是所有的残暴全部止息。我认为这是可能的。我根本不想呼吸一丁点的怨恨、嫉妒、焦虑、恐惧。我想完全活在和平当中。这并不是说我想死掉。我想活在这个奇妙的世界，活在这个这么具足、丰富、美丽的世界。我想看树，看花，看河流，看青草，看女人，看孩子，但同时又和自己和这个世界相安无事地活着。那我该怎么办？

只要我们懂得观察残暴——不但从外在社会观察战争、暴乱、民族仇恨、阶级冲突，而且也观察自己内心的残暴。这样的话，我们或许就能够超越。

这个问题非常复杂。人几千年以来一直就很残暴。全世界的宗教都想驯服人，可是全都失败。因此，对我来说，要探讨这个问题，至少要非常认真，因为这样我们才能够进入一个完全不同的领域。如果我们只是用这个问题玩一下知性游戏，我们将探讨不出什么东西。

各位或许会觉得说，虽然我是那么认真，可是，还有那么多人不认真，根本不想有所行动，那我这样认真有何用？我并不在乎别人认真或不认真。我自己很认真——这就够了。我不是看守我兄弟的人。我自己，身为人类，对残暴这个问题感受很强烈。我希望自己内心不残暴。但是我不能告诉你或谁“不要残暴”。除非你自己想要，否则这毫无意义。所以，如果你们自己真的很想了解这个问题，那么我们就继续这趟探讨之旅吧！

这个问题是内在的问题，还是外在的问题？你想从外在世界解决这个问题，还是从自己内心质疑这个问题？如果你的内心并不残暴，那么你的问题就是：“我怎样活在充满暴力、占有、贪婪、嫉妒、残酷的世界？我会不会遭到摧残？”这个问题无法避免，每个人都会问。但是在我看，你会问这个问题，就表示你活得并不平安。

如果你活得平安，你根本就不会有任何问题。你可能因为拒绝从军入伍而坐牢，可能因为拒绝参战而遭到枪毙。不过这不是问题——反正你就是会给枪毙。你必须了解这一点。这非常重要。

我们要将残暴当事实来了解，别当观念来了解——要当做存在于人类身上的问题来了解。而这里所说的人类，就是我，就是我自己。要探讨这个问题，我必须对这个问题完全开放，完全有感觉。我要对自己摊开自己——对你倒不一定，因为你可能没有兴趣。不过我自己却必须进入一种状态，那就是，我必须探索这个问题直探到底，不能在哪一个点上停下来，说我不想再继续了。

现在，我必须很清楚我这个人很残暴。我在愤怒中体验到自己的残暴，在性欲中，在树立敌人的怨恨中，在嫉妒等当中体验到自己的残暴。我体验到这种残暴，我知道了这种残暴。于是我对自己说："我想了解这个问题，不是只了解它表现在战争里的片断，而是了解它的全部，了解人和禽兽心里俱存的这种侵略性，这种我是其中一部分的侵略性。"

残暴不是只有杀人而已。我们用尖酸刻薄的话骂人，随便挥挥手叫人走开，出于恐惧而顺服，都是残暴。所以残暴并非只是假上帝之名，假社会、国家之名有计划地进行屠杀才是残暴。残暴是很微妙、很深入的，所以我们必须直探它的最深底处。

你只要自称是印度人、穆斯林、基督徒、欧洲人，或什么人，你就很残暴。为什么，你知道吗？那是因为你把自己和全体人类分了开来。你用信仰，用国籍，用传统把自己分开来，就会滋长残暴。所以，一个人若是想了解残暴，他就不属于任何一个国家，任何一种宗教，任何政党，任何部派体制。他关切的，唯有完全了解人类。

关于人的残暴，当今主要有两派思想理论。一派认为"人的内心就是残暴的"。一派认为"残暴是社会及文化传承的产物"。但是我们并不在意我们属于哪一派——这一点不重要，重要的是“我们很残暴”这个事实，不是这个事实的原因。

残暴，最常见的表现就是愤怒。有人打我的太太，我的姐妹，我说我非常愤怒。有人侵略我的国家，批评我的观念，我的原则，我的生活方式，我非常愤怒。有人批评我的习惯，我的区区之见，我也很愤怒。你侮辱我，踩到我的脚，我很愤怒。我老婆跟你跑了，我很嫉妒。大家都说这个嫉妒是应该的，因为她是我的财产。这一切愤怒在道德上都有理由。不过，我们为国家杀人也有理由。所以，讲到——残暴的一部分的——愤怒，我们是根据自己的偏好和环境因素，以应当或不应当的观点来看，还是完全只看愤怒本身？影响没有所谓好影响或坏影响。影响就是影响。可是，如果你所受的影响不称我意，我就说你受到了不好的影响。你一保护你的家人，你的国家，保护那一块叫做国旗的破布，保护你的信仰、观念、教条，保护你需要或拥有的东西，这个保护的本身就代表愤怒。但是，你能不能不找理由，不作解释，不说“我必须保护我的东西”，“我生气是有道理的”，或“我那么生气，真是愚蠢”，只是完全地正视愤怒的本身？

各位是否能够把愤怒当做独立的事实看待？是否能够完全客观地，也就是既不防卫，也不谴责地看待愤怒？能不能呢？如果我很恨你，如果我觉得你这个人很好，那么我是否还有办法观察你？我只有在没有这一切的某种关切之下，才可能观察你。那么，我是否可以这样看待愤怒——意思就是，我是否能够对这个问题完全开放，不抗拒，不起反应，只是观看着这个非凡的现象？

要不带感情地看愤怒很难，因为愤怒根本是我的一部分。不过这是我在努力的。我在这里，不管我是黑人，是白人，是红人，我是残暴的人。我不关切这种残暴是我传承下来的，还是社会在我心里制造的。我只关切我是否可能去除残暴。去除残暴对我而言代表了一切。这个东西使我腐败，所以对我而言，这件事比性，比食品地位重要。残暴在败坏我，在败坏这个世界。所以我想了解它，超越它。世上所有这一切愤怒、残暴，我觉得我有责任。我觉得我有责任——这不是空口说白话。于是我对自己说"只要我自己超越愤怒，超越残暴，超越国籍，我就可以做一点事情"。我这样觉得我必须了解自己内在的残暴，使我油然生起巨大的力量和热情，想要弄清楚这个问题。

要超越残暴，我就不能抑制残暴，不能否定，不能说"残暴的确是我的一部分，不过也就只好这样了"，或者相反的"我不要残暴"。我必须正视残暴，详究残暴，和它接近。但是如果我谴责它或替它找理由，我就接近不了它。不过，我们的确总是谴责它，为它找理由。所以现在我就说，且让我们暂时不谴责，也不找理由。

可是，如果你想阻止残暴，阻止战争，你愿意奉献多少力量，奉献多少你自己的东西？你的孩子遭到杀害，你的儿子去从军，遭到凌虐，屠杀，这不重要吗？你不在乎吗？天啊！如果这种事你不关心，还有什么事你会关心？保护钱财吗？生活愉快吗？嗑药吗？你没看到你心里的残暴正在残害你自己的孩子吗？你认为这种事只是抽象的观念吗？

那么，好，你很关心。那就全心全意地把这个问题弄清楚吧！不要光是坐在那里说"好好跟我们谈一下这个问题"。我要指出的是，各位不能用谴责或辩护的眼光看待愤怒或残暴，而且，这个问题在你如果不是五内如焚，你必然无法去除这两样东西。所以首先你必须学习，学习怎样看待愤怒，怎样看待你的先生、太太、孩子。学习怎样看待政客，学习自己为什么不客观，为什么谴责或辩护。你必须了解，你之所以会谴责，会辩护，是因为那是你生活的社会结构的一部分，是你受制约为德国人、印度人、黑人、美国人或出生以来的任何东西，连带这种制约造成的迟钝的一部分。要学习，发现根本的东西，你必须有能力深入。但是如果你的工具又钝又粗糙，你就无法深入。所以我们要做的就是磨利工具。这个工具就是我们的心——我们这颗被所有的谴责、辩护弄得很迟钝的心。只有你的心锐如针尖，硬如金刚，你才能够穿透深处。光是坐在那里说“我要怎样才能有那样的心？”是没有用的。你必须想要这样的心，好像你想要下一餐一样才可以。要有这样的心，你必须了解你的心之所以迟钝，愚蠢，乃是你坚壁清野的态度使然。这种态度在心的四周筑起围墙，正是谴责与辩护的一部分。只要你的心能去除这种坚壁清野的态度，你就有办法观察，探究，穿透，乃至于达到完全觉察这个问题的状态。

所以现在让我们回到主题：我们是否可能消除内心的残暴？对着别人说“你根本没有变。为什么？”就是一种残暴。我不做这种事。对我而言，说服你什么事情根本不代表什么。那是你的生活，不是我的生活。你的生活方式是你的事情。我只问一件事，那就是，心理上活在任何社会的人是否可能清除内心的残暴？如果可以的话，这个过程必将在这个世界创造另一种不同的生活方式。

大部分人都接受残暴是一种生活方式。两次可怕的世界大战什么都没有教我们，只教我们在人类——也就是你我——之间构筑越来越多的障碍。但是对我们这些想要去除残暴的人而言，我们到底该怎么做？我认为分析——不论是我们自己分析，还是专家分析——无济于事。分析或许可以帮助我们稍做修正，帮助我们生活稍为平静一些，使我们有一点爱心，可是却无法让我们全然地知觉。但是我自己却要懂得分析。因为，在分析的过程当中，我的心会变得异常敏锐，而就是因为心的敏锐、关注、认真，我才能够全然地知觉。

我们不可能一眼就看清楚整件事。只有看清楚细节，然后跳开，才有可能看清楚。有些人，为了去除自己的残暴，就运用概念，运用所谓“非暴力”这种理想。我们以为运用非暴力这个理想和暴力对抗，就能够去除事实，去除实情。其实不然。我们已经有无数的理想，我们的圣书谈的都是理想，可是我们依然残暴。所以，我们何不忘掉这三个字，面对残暴本身？

要了解实际的事物，你必须运用全部的力量，全神贯注才可以。但是如果你制造了虚构的、理想的世界，那么，这个世界将分化掉你的关注和力量。所以，你是否可以扬弃理想呢？真正认真的人，真正想弄清楚真理是怎么一回事，爱是怎么一回事的人，是没有概念的。他只活在当下。

要探索你的愤怒这个事实，就不能对它做判断，因为，你一设想它的对立面，从那一刻开始，你就已经在谴责它，因此也就看不到它的实情。你说你不喜欢某人，怨恨某人，听起来虽然可怕，不过却是事实。你只要正视这个事实，深入这个事实，它就跟着止息。然而如果你说“我不可以恨，我要有爱心”，那么你就是活在双重标准的伪善世界。要完整而充分地活在这一刻，你就必须活在当下，活在实际事物当中，不要有任何谴责或判断。这样你就会完全了解当下即是，与之俱灭。你一看清问题，问题就跟着解决。

但你是否能够看清楚残暴的面貌——不只看清楚你外在的残暴，也看清楚你内在的残暴？所谓看清楚内外在的残暴，意思是说，你不使用任何意识形态来去除残暴，所以真正完全免于残暴。这需要极深的冥思，而非只是嘴上同意或不同意。你们已经听过多少说法，但你们是否真正了解？你那饱受制约的心，你的生活方式，你生活于其间的社会的整个结构，都在阻碍你正视事实，当下解脱。你说“我要想一下，我要思考一下免除残暴是否可能。我会努力追求自由”。

但是，你可能说的话里面，这一句最可怕：“我会努力。”所谓努力，所谓尽力这种东西是莫须有的。你要不就是做，要不就是没做，如此而已。你这幢房子失火了，你还需要时间。你这幢房子失火，是全世界的残暴加上你内在的残暴造成的。可是你还在说“让我想一下，灭火用哪一种意识形态最好”。但是，房子失火时，你还会争论消防队员的头发是什么颜色吗？

四、见即是行，即是自由。全然的孤独，全然的自由。

痛苦的克制，符合某一模式而实行的严格纪律，都无法导向真理。要找到真理，我们必须完全的自由，不能有一点点的扭曲。

首先，让我们问问自己是否真的想要自由？

讲到自由，我们说的到底是完全的自由，还是去除了某些不方便、不愉快、不喜欢的事情的自由？我们都喜欢丢弃痛苦的、丑恶的记忆，不快乐的事情，保留快乐的、满足的意识形态、公式、关系。但是，要丢弃其一而保留另一，却是不可能的，因为，我们都知道，痛苦和快乐是不分的。

所以，每个人都必须决定自己是否真的想要完全自由。要的话，我们就必须了解自由的本质和结构。

免除了某种东西，免除了痛苦，免除了焦虑，是不是自由？自由是否和这个是完全不同的东西？譬如，你可以是已经去除焦虑。但是这种自由是否只是一种反应，所以根本不是自由？你可以用分析，用一举扬弃，轻易免去教条，不过你的动机却可能还是一种反应，因为，你之所以要去除教条，可能是因为这个教条已经不时髦、不方便。你不再相信民族主义，可能是因为你已经开始相信世界主义，或者你觉得在经济因素上，不再需要紧抓这个愚蠢的民族主义，连带它的旗帜等垃圾。所以你可以轻易扬弃之。或者，有什么精神或政治领袖允诺你，只要遵守什么戒律或反抗什么就可以获得自由，但你现在也开始对他们反动。然而，这样的理性，这样的逻辑结论，和自由可有什么关系呢?

你说你已经免除了某种东西，这种免除事实上只是一种反应。这种反应会制造另一个反应。这个反应又带来某种顺服，某种支配。如此这般，你拥有的是一连串的反应，可是你却接受这些反应，认为是自由。但是这种自由当然不是自由,而是一连串修正的过去而已。而我们的心紧抓的，正是过去。

今日的年轻人,和历代的年轻人一样,都在反抗社会。这是好事。但是反抗的本身并不是自由；因为，反抗只是一种反应。反应有反应的模式。所以你跟着就陷在这个模式里面。你以为那是新东西，其实不然。它还是旧东西，只是换了模子而已。不论是什么样的社会或政治反叛，最后都会变成陈旧的美好的中产阶级心态。

你必须有所见，有所行动，才会自由。反抗不会让你自由。有所见即有所行。这种行，和你遇见危险时采取行动一样，是自然流露的。遇见危险时，你不会犹豫、思考、讨论。危险的本身就会迫使你行动。所以，见即是行，即是自由。

自由是一种心灵状态——不是免除什么东西，而是一种自由感。自由地怀疑一切,质疑一切。因为这种怀疑,这种质疑非常强烈、积极、元气淋漓，于是一举甩脱了所有的依赖、奴性、顺从、接受。这种自由意味着全然的孤独。然而，我们的心却是在完全依赖环境和各种趋势的文化中长大的。这样的心是否有办法发现那全然的孤独，没有领导、没有传统、没有权威的自由?

这种自由是内在的心灵状态，不需要什么刺激，什么知识，也不是什么经验、结论的产物。大部分人的内心从来不曾孤独。孤独不是孤立，自外于人群。我们都知道孤立是怎么一回事——在自己身边筑一道墙，免得受伤，免得受到攻击，或者与人保持距离，不过这其实是一种痛苦，要不就是活在某种意识形态的封闭圈里。但是孤独绝对不是这样。

你从来就不孤独，因为你心里充满了所有的记忆，所有的制约，昨日的喋喋不休。你的心积满了垃圾，从来不曾清理。孤独，表示过去的种种皆死。你孤独的时候，全然的孤独的时候，你不属于任何家庭、国家、文化、大陆。这时你会有一种“外人”的感觉。这样完全孤独的人是纯真的。使我们免于悲伤的，就是这种纯真。

我们身上背负着几千个人说过的话，背负着所有不幸际遇的记忆。要免去这一切才是孤独。孤独的心不但纯真，而且年轻——不是年龄或时间的年轻，而是不论年龄多大都很年轻，纯真。只有这样的心才会看到真理之为真理，看到那言辞不足以形容的事物。

在这种孤独中，你将开始看到自己必须与真实的自己活在一起，而不是和你心目中应该如何或向来如何的自己活在一起。你要看看自己是否可能毫无恐惧，毫无虚假的谦虚，绝不战栗，绝不谴责，绝不辩护地正视自己——完全和真正的自己活在一起。你要和一样东西亲近地活在一起，才会了解这一样东西。可是你一习惯了它——你一习惯了自己的焦虑、嫉妒，或不论什么东西，你就开始不再和它活在一起。你搬到河边住，不消几天，你就再也听不到流水声。你在房间挂一幅画，天天看，不消一个礼拜，你就再也看不到它。看山脉，看溪谷，看树木都一样。看自己的家人、先生、太太也一样。然而，若是和嫉妒、羡慕、焦虑活在一起，你却不可以习惯，不可以接受。你必须照料它，如同照料新栽的树一样，保护它不受风吹日晒。你要照料它，不要谴责它，也不要为它辩护。如是这般，你开始爱它。你一照料它,你就开始爱它。这不是说你要和多数人一样,爱嫉妒,爱羡慕,而是说你会很用心地观察。

因此,你们——各位和我——是否能够和真正的自己活在一起,知道自己迟钝、恐惧、爱嫉妒,没有感情时相信自己其实很有感情,容易受伤,喜欢人谄媚,又很烦闷——我们是否能够和这一切活在一起,不接受也不否定,纯然只是观察,绝不懊丧、病态,或得意?

让我们再问自己一个问题。这种自由,这种孤独,这样和内在真正自己的整个结构碰触,是否必须通过时间来完成?也就是说,这种自由是由渐进的过程达成的吗?显然不是,因为,你一开始引用时间,就开始折磨自己。自由不能渐渐地来。自由无关乎时间。

再问一个问题。你能自觉到那种自由吗?

你要是说“我很自由”,你就根本不自由。这就好比一个人说“我很快乐”一样。他一说他快乐,就已经活在某件事情的记忆当中,不过这件事情却已经逝去。自由只能自然发生,不是由想望、愿望、渴望发生。认为自由应该是怎么一回事,借此创造自由的形象,也找不到自由。要找到自由,我们的心必须正视生活。生活是广大的运动,不为时间所限,因为自由超越于意识的领域之外。

五、爱:超越思想和时间的生命向度

欲求关系的安全,必然造成悲伤和恐惧。追求安全就会造成不安。你的种种关系,不管是哪一种关系,你可曾发现过安全?有没有?大部分人都想要爱和被爱这种安全。但是既然每个人都在寻找自己的安全,自己的路,我们怎么还会有安全可言?我们根本不懂怎样爱别人,所以我们也不为人爱。

爱是什么东西？“爱”这个字负担太重，已经腐烂，我简直不想用。每一个人都在讲爱——每一本杂志，每一份报纸，每一个传教士都讲个不停。我爱我的国家，我爱我的国王，我爱某一本书，我爱某一座山，我爱快乐，我爱我太太，我爱上帝。可是爱是观念吗？爱如果是观念，自然可以任意培养、珍惜、推行，乃至于扭曲。可是，当你说你爱上帝时，那表示什么？表示那是你想象的投射，表示你根据自己心目中所谓的高贵与神圣，封闭在某种“可敬的风范”里，再投射这样的自己。所以你说“我爱上帝”其实是绝对的胡说八道。你崇拜上帝其实是崇拜自己——这显然不是爱。

人类这一件叫做爱的事情我们解决不了，所以我们才逃到抽象观念里。不过，爱却可能是人类一切问题和困顿的答案。这样的话，我们要怎样才能弄清楚爱这一回事呢？用界定的吗？可是教会这样界定，社会那样界定，再加上种种衍生的、错乱的定义。爱慕某一个人，和某人睡觉，感情的交换，互相做伴——我们所说的爱就是这个意思吗？这原本一直都是标准，都是模式。不过，后来因为变得太个人、狭隘、纵欲，于是教会宣布说，爱远远超过这些东西许多。他们说人的爱是快乐、竞争、嫉妒、占有、拥有、控制、干涉他人的想法。他们知道这一切复杂的东西，于是就说爱必定有另外一种爱：神圣、美丽、纯粹、清新。

不过，全世界所谓的圣者都说看女人绝对不可以。他们说，如果你沉溺在性爱当中，就接近不了上帝。他们饱受性欲之苦，却把它推到一边。但是，否定性这一件事，等于遮蔽自己的眼睛，切断自己的舌头，因为，他们否定的是地球全部的美。他们让自己的心灵饥渴，精神干枯，只因为美和女人有关，排斥女人就排斥美。

爱可以分割成人与神，神圣与世俗吗？或者爱就是爱，是唯一的？爱属于一人，还是属于众人？如果我说“我爱你”，这个爱是否排除了他人？爱是个人的东西，还是非个人的东西？是道德的，还是非道德的？是属于家庭，还是不属于家庭？如果你爱人类，是否还能够爱个人？爱是一种情愫吗？是感情吗？是快乐或欲望吗？所有这些问题都表示——不是吗？——都表示我们对爱存有种种观念，对爱应该如何或不应该如何都存有种种观念，存有由我们所在的文化发展出来的模式、规律。

所以，要探讨爱这个问题，首先要去除几百年来长出来的“藓苔”，放开一切爱应当如何不应当如何的理想和意识形态。在处理生活问题的方法上，从当下即是另外分别出一个“应当如何”，最是欺妄。

我们要怎样才能弄清楚，我们称之为爱的这把火焰是什么东西——不是弄清楚怎样向别人表达爱，而是爱本身的意义何在？首先我要拒绝教会、社会、我的父母和朋友，每一个人每一本书所说的爱，因为，我想要自己弄清楚爱是怎么一回事。这个问题很大，牵涉到全体人类。爱的定义有几千种，我却由于自己一时的喜好，陷在其中某一模式当中。所以，为了了解爱，首先我是否应该先消除我的偏好和成见。我很混乱，纠缠在自己的种种欲望之间。于是我对自己说：“首先，先清理你的混乱。也许可以从爱不是什么，发现爱是什么。”

政府说，为了爱国，去杀敌吧！这是爱吗？宗教说，为了爱上帝，不要性爱吧！这是爱吗？欲望是不是爱？不要说不是，因为，对大部分人而言，欲求快乐就是爱——从感官得到快乐，从性的依恋和满足得到快乐就是爱。我并不是反对性，不过我们却要看看性牵涉到什么东西。性能够让你一时完全忘记自己，然后才又回到自己的一团混乱。所以你会一直想要回到那种没有烦恼、没有问题、没有自己的状态。你说你爱你太太。这里面就涉及到性的快乐，涉及到家里有人照顾你的孩子，有人做饭给你吃。你依赖她，她给你她的身体，她的感情，她的鼓励、安全感、平安。可是有一天她跑了。她厌烦了，或者跟人跑了，你原本平衡的感情一下子垮了。这种感情上的困扰，叫做嫉妒，我们不喜欢。这种嫉妒里面有的是痛苦、焦虑、怨恨、暴戾。所以，你说你爱你太太时，实际上你是在说“只要你属于我，我就爱你。但是，如果你不再属于我，我就开始恨你。只要我依赖你满足我的性需求，各方面的需求，我就爱你。可是，如果你不再供应我这些东西，我就不再喜欢你”。所以，你们之间事实上是对立的、隔离的。彼此感觉隔离，就没有爱可言。但是，如果你能和你太太生活在一起，却没有什么意念制造出这一切矛盾状态，自己内在没有吵个不休，那么，也许——我说也许——你会了解爱是怎么一回事。这时你才会完全自由，她也是。可是如果你的快乐都要依赖她才会有，那么你就是她的奴隶，一个人有爱才会自由——不是对他人自由，而是对自己自由。

属于别人，心理上依靠别人喂养，依赖别人——这一切当中有的必然是焦虑、恐惧、嫉妒、罪恶感。有恐惧就不会有爱。充满悲伤的心，绝对不懂爱是什么东西。爱和情绪、情感没有任何关系。爱和快乐和欲望也没有任何关系。

爱不是思想的产物。思想属于过去，孕育不出爱。爱不受嫉妒之情的阻碍，不会陷于嫉妒，因为，嫉妒属于过去。爱却永远都是现在，都很积极。爱不是“我会去爱”或者“我已经爱过”。你懂得爱，就不会追随什么人。爱绝不顺从。你爱的时候，就没有敬与不敬。

真正地爱一个人，爱他而没有恨，没有嫉妒，没有愤怒，不会想干涉他的想法、他的做法，不谴责，不比较——你们知道这是什么意思吗？爱的时候，会不会比较？全心全意爱一个人的时候，用整个身体、整个生命爱一个人的时候，会不会有比较？把自己完全奉献给爱，就不再有彼此。

爱有没有责任和义务？爱会讲这种话吗？做事情是因为责任的关系，这里面有爱吗？责任里面没有爱。人类陷在整个责任的结构里。这种结构正在毁灭他。只要你是出于责任而不得不做某件事，你就不爱这件事。有爱，就没有责任，没有义务。

不幸的是，大部分父母都认为自己对子女有责任。他们对自己的责任感采取的方式是告诉子女应该做什么，不应该做什么，应该做什么，不应该做什么。他们希望孩子在社会上有安稳的位置。他们所谓的责任，其实是他们自己重视的"要人看得起"的一部分。不过在我看，有责任就无秩序。他们关心的只是怎样才能成为完美的中产阶级。他们培养孩子，要他们适应社会时，实际上就是在延长战争、冲突、残暴。你说这是爱，是关怀吗？

真正的关怀就像照顾树木一样。你替它浇水，研究它的需要，想什么土最适合它，温柔地照顾它。可是你们照顾孩子适应社会，却是准备让他们送死。你们要是真的钟爱你们的孩子，这个世界就不会有战争了。

你失去挚爱的人就掉眼泪。可是你掉眼泪是为他，还是为自己？你是为别人哭，还是为自己哭？你曾经为别人哭过吗？你曾经为你儿子在战场上阵亡哭过吗？你哭过，可是你哭是因为一个人遭到杀戮，还是由于自怜？你要是由于自怜而哭，你的眼泪就毫无意义，因为，你只关心自己。如果你哭是因为你失去了你曾经投入极多感情的人，这也不是真正的感情。为你死去的兄弟哭，你就要为他哭。你很容易因为他的过去，而为自己哭。你哭显然是因为你的心有所触动。不过，你不是为他而触动，却是因为自怜而触动。自怜使你僵硬、封闭、迟钝、愚蠢。

为自己哭，这是爱吗？因为自己孤单而哭，因为人家弃你而去，因为你不再拥有权力而哭——埋怨命运，埋怨环境——你常因此而哭吗？你要是了解这一点——意思是说，你要是如同接触树木、柱子、人的手一样地直接触及这一点，你就会了解人的悲伤其实是自己制造的。悲伤是思想制造的，是时间的产物。三年前我还有个兄弟。现在他死了。我很孤单、伤痛。我没有人可以做伴。于是我伤心流泪。

你只要仔细观察，就会发现自己内在进行的这一切。你不需要把时间用在分析上，只消一眼，就能够看得很清楚、完整、充分。只要一瞬间，你就可以看到这个叫做“我”的小东西的全部结构和本质——我的眼泪、我的家庭、我的国家、我的信仰、我的宗教，这一切丑陋的东西，全部都在你身上。不要用脑，要用心看这一切，从你的心的深处看这一切，你就会找到停止悲伤的关键。爱和悲伤无法并行。可是在基督教，他们却把吃苦当做理想，把苦钉上十字架去崇拜，意思是说，除了从这个门，你逃不掉苦。压榨人的宗教社会，整个结构就在于此。

所以，问爱是什么东西，你会吓得不敢知道答案。爱可能表示全然的叛逆。你或许必须和家人决裂。你也许会发现自己根本不爱自己的太太、先生、孩子——你爱吗？你也许必须打散自己建立的家，也许不再去寺庙。

但是，如果你还想弄清楚，那么，你就会知道恐惧不是爱，依赖不是爱，嫉妒不是爱，占有、支配不是爱，责任、义务不是爱，自怜不是爱，不被爱的痛苦不是爱。爱不是恨的相反，正如谦卑不是虚荣的相反。所以如果你们可以消除这一切——不是强制地消除，而是雨水洗去树叶上的尘埃一般地洗去这一切，这样你就会找到这一朵奇异的花——那是人一直渴望的花朵。

你要是没有得到爱——不是一丁点的爱，而是充分的爱——你要是没有心里充满爱，这个世界将成为悲惨世界。你从理智上知道人类必须团结，而要使人类团结，爱是唯一的方法。但是，谁来教你懂得爱呢？有没有什么权威、方法、体系，能够告诉你怎么爱呢？如果有人能够告诉你，那就不是爱。你可以说“我要练习爱。我要坐下来，日复一日地想。我要练习仁慈、温柔，强迫自己关心别人”吗？你的意思是你可以规定自己爱，练习爱他人的意愿吗？但是你一练习爱的纪律和意愿，爱就从窗口飞出去了。练习爱的方法或制度以后，你也许会变得很聪明，变得比较仁慈，或者进入非暴力状态。可是这一切却和爱没有一点关系。

这个纷乱荒凉的世界没有爱，因为，这个世界是快乐和欲望在扮演主角。然而，美不是你看到的什么东西——不是漂亮的树，漂亮的图画，漂亮的房子，漂亮的女人。要你全部的脑和心都懂得爱，才会有美。人没有爱，没有那种美的感觉，就不会有德行。你们自己也很清楚，随便你怎么做——改善社会，救济穷人——你只会制造更多的祸害，因为，没有爱，你心里脑里有的只是丑陋、贫乏。可是，如果爱与美兼具，不论你做什么事，都是对的，不论你做什么事，都有条不紊。只要懂得爱，你就可以随心所欲；因为，你随心所欲都可以同时解决其他的问题。

在这里，我们已经触及要点，那就是，我们的心是否能够一如见到美丽的夕阳一般，没有戒律，没有思想，不强迫，不借书本、老师、领导而见到爱？对我而言，有一样东西绝对必要，那就是没有动机的热情——不是因为什么使命或执著而产生的热情，不是嗜欲的热情。人而不知热情即不知爱，因为，人必须完全弃绝自我，才会有爱。

有所追寻的心不是热情的心。不追寻而遇见爱，是寻爱唯一之道——不知不觉间遇见，而非什么努力或经验的结果。你会发现，这样的爱无关乎时间。这样的爱，既是个人的，又是非个人的，既是一人之爱，又是众人之爱。爱犹如芳香的花朵，你可以径自走过，也可以停下来闻一闻。这朵花为每一个人存在，也为愿意停下来欢喜地看它闻它的人存在。一个人或许离花园很近，或许离花园很远，对这朵花而言都一样；因为，它就是充满芳香，人人皆可分享。

爱是新鲜、清净、活生生的东西，没有昨日，也没有明日。爱超出于纷扰的思想之上。唯有纯真的心才懂得爱，才能活在不纯真的世界。人一直借着牺牲、崇拜、各种关系、性爱、种种快乐或痛苦，追寻爱追个不停。可是，要找到这种非凡的东西，唯有思想了解自己，并因此自然地停止才有可能。这时爱就没有什么东西与之对立，因此也就毫无冲突。

也许你会问："就算我找到这种爱，我的太太、孩子、家人怎么办？他们需要稳定的生活啊！"你会提这样的问题，就表示你还是没有超脱思想的领域，意识的领域。你只要超脱这个领域，你就不会再有这样的问题；因为，这时你已经懂得爱，懂得没有思想所以没有时间的爱。你也许会认为这是催眠、蛊魅，不过实际上，所谓超越思想和时间——亦即超越悲伤——就是觉察到生命有一个向度，叫做爱。

然而，你却不知道怎样才能找到这一股非凡的泉源。怎么办？不知道怎么办时，你就不怎么办，不是吗？绝对的无为。于是你的内在便完全沉静。这是什么意思，你知道吗？这意思就是你不寻找，不要，不追求，所以你完全没有中心。没有中心，爱就产生了。

自言录：克里希那穆提最后的日记

一九八三年二月二十五日

河边有一棵树。几个星期以来，每一天太阳要升起的时候，我们都在看这一棵树。太阳慢慢从地平线升起，从树梢升起，这一棵树就突然变成金黄色，每一片树叶都非常明亮，充满了生命。随着时间的移转，你看着这棵树——树名不重要，重要的是它很美——一种不寻常的东西就渐渐遍布整条河，整个大地。太阳再升高一点，树叶开始摇荡，跳舞。每一个小时好像都会给这棵树不同的感觉。太阳升起前，那是一种肃穆，沉静而遥远，充满了尊严。然后白天开始，所有的树叶染着光跳舞，给人感觉自己拥有极度的美。中午时分，阴影已深，你坐在那里，太阳晒不到你，你感觉这棵树是你的同伴，你不孤单。你坐在那里，感觉有一种永久安稳的关系和自由，不过唯有这棵树知道。

傍晚，夕阳照亮了西边的天空。这棵树渐渐又开始变为肃穆、黑暗，然后封闭起来。天空有红，有黄，有绿，可是树还是树，安静、隐匿，开始准备晚上的休息。

和那棵树建立关系，也就和人类建立了关系。于是你开始为那棵树负责，为世界上的树负责。如果你和这个地球的生物没有关系，你就会和人性，和人类失去一切关系。我们从来不曾好好看过树的本质，真正地摸树，感觉它的坚硬，感觉那粗糙的树干，听听那属于它的一部分的声音。这个声音不是风从枝叶间吹过的声音，不是清晨微风吹拂叶子的声音，而是它自己的声音，树干的声音，树根沉静的声音。你必须非常敏感，才能听到这种声音。这种声音不是这个世界的吵闹声，不是我们的心的喋喋不休，不是人吵架，打仗时粗鄙的叫骂，而是宇宙的一部分。

我们竟然和大自然没有什么关系，和昆虫、跳蛙，还有在山林间飞翔、呼叫同伴的猫头鹰没有什么关系，真是奇怪。我们似乎对地球上的生物没有什么感情。如果我们可以和大自然建立稳定深刻的感情，我们就不会再为了口腹之欲杀动物，为自己的利益杀害猪、狗、猴子。我们会找别的方法治病，治伤口。但是治疗心灵就完全不同了。只要你和大自然同在，和树上那一个橘子，和水泥地上冒出来的那一株青草，和隐藏在云雾间的山岳同在，这种治疗自然会逐渐地进行。

这不是多愁善感，也不是浪漫的想象，而是人和地球上生存与行走的万物一种真实的关系。人已经杀掉了几百万头鲸，至今还在屠杀。然而，我们从这样的杀伐得到的东西，事实上用别的方法也可以得到。不过，人显然很喜欢杀伐——鹿、羚羊、大象，什么都杀。我们喜欢互相杀伐。自从地球上有人以来，人杀人的事情从来就没有停过。如果我们能够和大自然，和真正的树木、树丛、花、青草、飘移的云等，建立长久、深刻、稳定的关系，我们绝不会再为了什么理由杀人。战争是有计划的谋杀，我们虽然示威反对某一场战事、核武或什么战争，却从来不曾示威反对战争。我们从来不曾说，杀人是地球上最大的罪恶。

一九八三年二月二十八日

在四万一千尺高空，从一个大陆飞往另一个大陆，眼睛看到的，就只有雪。绵延数里的雪。所有的山都盖满了雪，河流也结冻了，蜿蜒横过大地。极远的下方，农田也覆满了冰雪。这一趟飞行耗时十一小时，真是令人疲惫。有几个旅客在聊天。后座有一对夫妇，不看那些奇妙的山，不看其他旅客，只是讲个不停。他们显然沉浸在自己的思想、自己的问题、自己的谈话里。经过长久沉闷的飞行之后，飞机终于降落在太平洋的城市。

经过一阵吵闹、匆忙之后，你终于离开了那个丑陋、粗鲁、喧嚣的城市，离开了那些数不完的、卖的东西都差不多的商店。你把这些东西丢在后面，进入蓝色太平洋的海岸公路，沿着海岸，在这一条美丽的路上，回行于山脉之间，时而与海洋相见。接着你离开太平洋岸，进入乡间，弯来弯去翻越丘陵。这一带很宁静、安详，充满了乡村奇异的尊严。你进入山谷。六十年来你常常来这里。可是，每次你一进入这片谷地，就感到惊奇。这片谷地总是那么宁静，几乎不曾沾染人迹。谷地简直就像大杯子或鸟巢。然后你离开小村庄，经过一排一排的橘园和树丛，爬升大约一千四百尺。空气中充满了橘花的芳香。整片谷地都是这种香气，你用整个脑，整个心，整个身体闻见了这种芳香。这种芳香会持续大约三个礼拜。闻这种芳香，那种活着的感觉最是不凡。山间有一种宁静，一种尊严。你每次看到这一片丘陵和——六千尺以上的——高山，就很惊讶竟然有这样一片山河的存在。每次进入这片安详宁静的谷地，你就感到一种奇异的远离，极深的沉静，时间沉缓，整个迤逦开来。

有人想破坏这一片谷地，不过已经有人维护了下来。那一天早上的山特别美，你简直就摸得到，其间有一种神奇，一种广大的永恒感。你安静地走进住了六十几年的房子。大气，空气——如果可以的话，我要用这两个字——非常“神圣”。你可以感觉到，简直还摸得到。正逢雨季，下了很大的雨，整个山脉苍翠丰美——地球静静地、深深地了解自己的存在，这么欢欣地笑着。

你一再说，我们的心——不过你宁可说我们的脑——若要自由，并且了解一种非关时间、非关思想、非关行为的东西，就必须安静，就必须清除所有的知识。你的谈话，以各种方式，大部分都会讲到这些。但我却觉得很难——不但要掌握其中的观念，其中的深度很难，连其中那种沉静的空——如果可以这么说的话——都很难。我一直找不到门路。我用了种种方法，想阻止心里的喋喋不休，阻断心里老牵挂着事情。这种牵挂一直在制造问题。人活着，就一直陷在这里面。我们的日常生活就是这些东西，烦闷无聊，家人之间谈个不休。如果不谈这些，就看电视，看书。我们的心似乎一直在要求牵挂事情，一件事情换过一件事情，一种知识换过一种知识，一次行为换过一次行为，思想永远动个不停。

我们早就指出，思想不可能用决心、用意志阻断，也不可能用急切的欲望压制成安静但仍然空的状态。

我发现自己很嫉妒某件事。这件事我以为，我觉得是真的，很希望自己也拥有，可是就是没办法。我老是掌握不到。于是我和平常一样，来和你谈。我的生活，我的工作为什么老是不稳定、不永久、不安静？我的生活为什么会这样？我曾经自问我该怎么做。不过我也明白我不太能怎么样，甚至一点办法都没有。可是它老是在那里烦着我。我丢不掉它。但愿我能够体验一下那种空静的状态。只要那么一次，我的记忆自然会让我振作，使我真正愚蠢的生活有一点意义。所以我才来这里探索、讨论：为什么我们的心——也许说我们的“脑”比较正确——总是有牵挂？

一九八三年三月十日

前几天，走在一条隐秘的小路。这条小路林荫夹道，远离文明的吵闹、粗野、残酷，也就是远离人为拼凑出来的一切东西。整条路极度宁静。这种宁静涵容了一切——安详、遥远，充满了地球的声音。你静静地走着，生怕打搅到身边地球上的东西——树木、蟋蟀、小鸟等等。一转弯，突然看到两只小动物在打它们那小小的架。一只要入侵另外一只的巢穴，另外一只要把它赶走。后来，巢穴的主人赢了，入侵者走了。空间又恢复了宁静，令人感到深深的孤寂。你抬头眺望，看到小路高高地伸进山里，路旁瀑布轻声淙净，极度的美，又无限的尊严。这种尊严是人无法达到的。人的尊严似乎太傲慢，太虚荣。刚刚防守自己巢穴的小动物和人一样，很认同自己的家。我们总是会认同自己的种族，自己的文化，自己相信的事情，神秘的人物，救主，权威。认同什么东西好像是人的天性。这种天性似乎是出自动物。

我们不知道为什么会有这种想要认同的渴欲、渴望。人会认同生理的需要，认同衣食住行这些必需品等，这我们了解。但是，人的内在，人的心里总是要认同过去，认同传统，认同浪漫的想象，认同符号。我们在这种认同里感到平安、安全，感到被某人拥有、占有。这让我们很舒服。我们总是在假象中感到安全，舒服。人显然需要许多假象。

远处有猫头鹰的叫声。山谷那一边有一只在响应它，声音也很大。

仍然是破晓时分，白天的吵闹还没有开始，一切都很安静。太阳将升起之处有一种东西很奇异，神圣。有一种东西在向黎明，向那奇异的，沉静的光祈祷，赞颂。仍然是凌晨，晨光微弱，没有一点风，每一棵树都静静的，都在等待——等待太阳升起。太阳大约半个小时之内还不会升起，所以黎明正用一种奇异的安静慢慢盖住了地球。

山头渐渐地、慢慢地亮了。太阳已经照到山头，山头一变而为清亮，金黄。山头的雪非常纯净，没有染到白日的光。

你离开村径，往上爬。地球的各种声音——蟋蟀、鹌鹑、各种小鸟——开始它们的晨歌，它们的赞颂，它们的崇拜。太阳升起，你是那光的一部分，丢开了思想拼凑的一切东西。你完全忘我，心灵已经清除了种种挣扎、痛苦。你爬着，走着，没有隔离的感觉，连自己是个人的感觉都没有。

山谷里起了雾。你就是雾，越来越浓，生活越来越幻想，浪漫，癫痴。很久以后，你开始下山。风在低语，昆虫低吟，众鸟齐鸣。你下到山来，雾已经散了。山下有街道，有商店，晨光迅即消失。你开始一天的照章行事，又陷入工作的习惯，人与人竞争的习惯，各有认同，意识形态造成分裂的习惯，准备战争的习惯，内心痛苦的习惯，永远怀着生为人悲伤的习惯。

一九八三年三月十八日

鸟屋那里有十几只小鸟在啄食，啁啾，打斗。一只大鸟飞过来，小鸟就全部飞走了。等到大鸟走了，它们又飞回来，开始扰攘，打架，十分吵闹。一只猫走过来。于是起了一阵尖叫、骚乱。猫给赶走了。它是野猫，不是家猫。这一带有很多野猫，大小、身材、皮毛颜色各自不同。鸟屋成天都有小鸟来取食——大的小的都有。有一只悭鸟走过来骂每一个人，骂这个宇宙，赶走小鸟——或者不如说，它一来，大家就走了。这些小鸟都很小心猫。一到晚上，它们就全部飞走。四周一片宁静、安详。有猫来来去去，小鸟倒是不见半只。

那天早上，天上的云很亮，天色一副要继续下雨的迹象。雨已经下了几个礼拜。附近有一口人工湖，水位都满了。所有的绿叶，高高的树，低低的灌木，都在期待阳光。这里的阳光没有加州那么烈，不过也好几天没有露脸了。

我们不知道人类的前途怎么样，所有这些孩子的前途怎么样。你看着他们玩，他们叫，看着他们这么快乐、美丽、柔和的脸蛋——他们的前途何在？我们的现在就是他们的未来。历史上几千年来一直都是这样——生生死死，劳累一生。我们好像不怎么在意未来。电视上除了一两个频道，从早到晚有看不完的娱乐节目，都很短，而且内容玩忽。小孩子看了很高兴。广告又维系着你这种高兴的感觉。全世界都一样。这些小孩子的未来在哪里？体育节目——三四万人看着球场里面几个人奔走，叫喊，喊得声嘶力竭。另外，你还去参加大教堂举行的仪式——这也是一种娱乐，只差个你说那是神圣的，宗教的而已，不过还是娱乐——多愁善感的、浪漫的经验，一小时的虔诚。全世界每一个地方都一样。我们的心总是给娱乐、运动节目等盘踞着。如果你还关心的话，我们不禁要问：人的未来何在？东西一样，只是种类更多吗？各式各样的娱乐吗？

如果你对这种情势还有所觉察的话，你就必须思考一下娱乐和运动的世界怎样掌握了你的心，怎样塑造你的人生。这一切将把我们导向何方？不过，或许你根本就不关心？你不在意明天。或许你连想都没想过。纵使你有，也许你会说要去想未来的日子——不是想以后的某个年龄，而是想以后的命运，想你目前生活方式的后果——恐怕太复杂，太吓人，太危险。然而，你目前的生活方式充满了种种浪漫的、感情的、感伤的情绪与需求，整个娱乐世界一直在侵害你的心。如果你对这一切有所觉察的话，那么人类的未来在哪里？

前面说过，你的现在就是你的未来。如果现在没有改变——不是根据某个政治的、宗教的、社会的模式做表面的调整、适应，而是以你的专注、关切、情感深入地改变——如果现在没有根本的改变，那么，你目前每一天的所作所为就是你的未来。改变这两个字很难。改变成什么样？改变成另外一种模式吗？改变成另外一个观念吗？改变成另外一种政治或宗教制度吗？从这个改变成那个吗？这一切还是在现状的范围之内，领域之内。这一切改变，不过只是思想的投射，思想的构成，都是物质决定的。

所以，我们必须好好探索一下“改变”这两个字。如果有动机，改变还是改变吗？有方向，有目标，有一个看来还正常的、理性的结论，改变还是改变吗？“结束现状”也许比较正确。是结束现状，而不是从现状移向“应该”如何如何。这不是改变。但是，如果这个结束有动机，有目的，又牵涉到决定或不决定怎么样，那么，这样的改变不过是从这样变成那样而已。决定这两个字意味着“我要”、“我不要”这种意志的行为。一旦欲望进入了这个“结束”的行为里面，这个欲望就成了结束的原因。有原因，就有动机，因此就没有真正的结束。

二十世纪有两次大战，有辩证唯物论，有宗教信仰、行为、仪式的怀疑论等，这些事件使很多事情产生了变化。科技也使很多事情产生了变化。日后一旦计算机发展成熟，变化会更大，目前只是刚开始而已。计算机接管人类社会以后，人心会变成怎样？这是另外一个问题，我们改天再讨论。

娱乐业一旦接管——它现在就在接管——年轻人、学生、孩子将不断受到逸乐、幻想、浪漫情欲的诱惑，将节制和简朴弃之不顾，甚至连想都不想一下。和尚、苦行僧的简朴只是否定世界。他们用制服，或者只是一块布包住身体——这样否定世界当然不是简朴。你们可能不喜欢听这些，不想了解简朴的意义。你们从小就用娱乐——宗教的或其他的娱乐都行——来使自己快乐，来逃避自己。加上大部分心理学家都说要充分表现自我，不要压抑，否则会造成不良后果，导致种种神经官能症。所以你们自然会越来越接受娱乐、体育节目。这些东西都能够帮助你逃避自己，逃避现状。

了解自己而不扭曲，不偏颇，不对自己发现的自己产生反应，乃是简朴的开始。观看，觉察自己的每一个念头，每一丝情绪，不抑制，不控制，就像观看小鸟飞翔一般地观看，不带自己的偏见、扭曲——这样的观看会创造一种非凡的单纯，超越一切的抑制，一切自我欺骗，一切的自我改进、自我实现。这一切自我的什么实在太幼稚。但毫不扭曲地观看却有一种自由，这种自由使人感到简朴的尊严。如果你对现在的学生或小孩子说这些，他们会很无聊地看着窗外，因为这个世界已经完全偏向追求快乐的一边。

一只黄褐色的松鼠从树梢爬下来，爬到鸟屋那里，小口小口地吃了几颗谷子，然后坐在鸟屋顶上，用它那大大的眼睛看着四周，尾巴翘起来，弯弯的。真是奇妙的东西。坐了一会儿，然后跳过几块岩石往树梢爬去，不见了。

人似乎一直在逃避自己，逃避自己的真实面貌，逃避他要去的地方，逃避和宇宙、日常生活、死亡等有关的一切。真是奇怪，我们好像从来不明白不论怎样逃避自己，不论我们能够——自觉地、故意地，还是不自觉地、微妙地——走开多远，那种种冲突、快乐、痛苦、恐惧等等，永远都在那里，并没有消失。这一切到最后终会开始主宰你。你也许会加以抑制，也许会用意志力把它们丢开，可是它们还是会重新出现。快乐这个因素虽然是快乐，仍然有它的冲突、痛苦、烦闷，并不会占优势。我们的人生有种种骚乱，焦躁、厌烦、快乐是其中的一部分。各位朋友，这是你们逃不掉的。要逃离这种深沉难测的骚乱，除非你真正用心在上面，不但要思考，而且要仔细地、勤勉地观察思想和自我的起心动念。你也许会说这恐怕太累人，太没有必要了吧！不过，如果你现在不用心于此，不在此处留心，你的未来恐怕只有更混乱，更不堪忍受，更没有意义而已。这种观点不是故意在吓人，在挫人锐气，而是实际如此。你现在是怎样，以后便是怎样，逃避不了。这一点和日出日落一样确定。这是所有的人，所有的人类共同的命运，除非我们改变，除非每一个人改变，改变成不是思想投射出来的东西。

一九八三年五月九日

你已经爬得很高，往下看着山谷。要是沿着弯曲的小路，经过各种植物——橡树、鼠尾草等等——再经过一条夏季常常干涸的溪，你就会从一重又一重的山峰之间，看到远方蓝色的海。这么高的地方绝对的宁静，静得连一点风吹的气息都没有。你看山下，头上的山也在看你。你可以再往上爬几个小时，下到另一个山谷，再往上爬。你已经走过多次，其中两次还爬到最高峰。从最高峰往北看是一片沙漠。那里很热，这里很冷，虽然太阳很大，你还是得加一件衣服。

下山时，沿途看着各种树木、植物、昆虫，忽然听到响尾蛇的振响声。你离它只有十尺远，幸好及时跳开了。它还在响，你们彼此互相看着，互相对视。蛇没有眼睑。这一条眼镜蛇并不长，可是很粗，大约有你的手臂那么粗。你保持距离，小心地看着它，看它的花纹，看它的三角头，看它的黑舌头在嘴里伸进伸出。你们互相看着，你不动，它也不动。可是现在，它头和尾巴向着你，开始往后退。你往前跨一步，它立刻盘起来，开始对你振响。于是你们又互相望着。接着它头尾朝向你，又开始后退。你往前跨一步。它又盘起来，开始振响。你们如此这般僵持了好几分钟——大约有十几分钟。然后它累了，动也不动一下，等在那里。你向它靠近，它不响了，一时之间失去了力气。这一条响尾蛇和一般响尾蛇不一样。一般响尾蛇都是抬起头颈示威，它却头颈往前突刺示威。现在它动也不动一下，太累了。于是你就走了。这一条蛇很毒，很危险。你也许可以摸它，你虽然不怕，却也不想。你感觉宁可不摸，所以就随它去了。

继续下山，半路上差一点踩到一窝鹌鹑。这一窝鹌鹑大约有十几只小鹌鹑，散在四周的树丛里，连妈妈也不见了。不过它们互相呼唤着。你在那里等着。要是你有耐性，你就会看到它们重新回到母亲的翅膀底下。气候阴冷，它们在等待太阳把地球和空气晒暖。

你穿越一条小溪，经过一片差不多不见绿色的草地，回到房内。你人很累，可是这一趟步行和晨间的阳光很令人愉快。你看到橘子树上挂着鲜艳的橘子，看到一丛丛的玫瑰、桃金娘，看到高的油加利树。屋里非常安详宁静。

这是一个愉快的早晨，充满了地球上奇异的活动。松鼠、地鼠这些小东西活蹦乱跳的，跑来跑去找早餐吃。它们吃的是柔软的植物、树根，破坏力很强。狗只要一咬，马上可以把它们咬死。气候很干燥。雨水已经过去，下次再来要四个月以后了。不过底下的山谷依然发着点点闪光。奇异的是，整个地球一片宁静。市镇交通繁忙，很吵闹，不过你还是可以感觉到某种东西，某种神圣的东西。只要和大自然和谐共处，和身边万物和谐共处，就会和所有的人类和谐共处。你一失去与大自然的关系，必然也会失去与人类的关系。

饭后我们一群人坐在餐桌的一端，开始严肃的谈话。我们常常这样。这次讨论的是文字的意义，文字的分量，文字的意涵——不只讨论文字的表面意义，也讨论文字的深度，文字的性质，文字的感情。文字当然不是实物。叙述、解释也不是被叙述者、被解释者本身。文字、话语、解释都不是实物。我们却用文字来沟通思想、感情。文字会把感情保留在我们心里。实物不会制约我们的脑，可是理论、结论、叙述、抽象观念却会。这张饭桌不会制约我们的脑，可是神却会制约我们的脑——不论那是印度教的神，基督教的神，还是穆斯林的神都一样。概念、形象都会制约我们的脑，实际发生，实际产生的事物却不会。

“耶稣”、“基督”这几个字不是实物，对印度教徒、佛教徒、穆斯林教徒而言没有什么意义，可是对基督徒而言，会激起很深的心情和情绪，很有意义。所以，这几个用了两千年的字制约了我们的脑。印度教有他们自己的神。这些神和基督教的神一样，都是思想出于恐惧，出于快乐等而做的投射。

语言似乎不会制约我们的脑。以语言建立的理论，以抽象说法表达感情，以观念、符号、人格这一类形式出现的抽象观念，却会制约我们的心，其中，所谓的人格，指的是想象中的人，期待中的人，或思想投射的人。所以这些抽象观念，这些概念、结论，不论是强是弱，都会制约我们的脑。

就说“苦”这个字好了。这个字对印度教徒和基督徒的意义是不同的。但是，苦这一回事，不论文字怎样描述，是大家共有的。苦是事实。当我们借理论、符号，借人的理想形象逃避苦的时候，这种种逃避之道就塑造了我们的脑。但是苦的本身，作为一个事实，不会这样。这一点非常重要，必须了解。

譬如说“我执”的“执”这个字好了。我们来看这个字，把它拿在手里，仔细地看，感觉它的深度，它全部的含意，它的影响力。看我们都很我执这个事实——事实，而不是文字，这种感觉不会把我们的脑纳入模子里塑造。可是我们一偏离事实，也就是说，思想一偏离事实，这个偏离的动作，这个逃避的动作，就变成了时间的因素，而且也开始用模子塑造我们的脑。

对佛教徒而言，“佛陀”这两个字，这个意象，这个印象会创造极度的尊敬、感情、虔诚。佛教徒在这种思想制造的意象之下寻求庇佑。因为思想是狭隘的，所有的知识也都是狭隘的，于是这个意象——对某人或符号或悠久传统的尊敬——带来了冲突。然而这个尊敬的本身，若与所有的外在意象、符号等分开，却不是制约人脑的因素。

那边，坐在隔壁的是个基督徒。你从桌子的这一边一提到基督，马上就可以感觉到他在那边开始拘谨、慎重起来。这两个字早就制约了他的脑。观察文字沟通的现象,果然有可观之处。同样的一个字，每个民族给的意思都不一样，从而为人类受苦之情制造了一种局限，一种分裂。苦乃人类共有，人类皆有之。但是俄国人这样表现，印度人、基督徒那样表现。苦这个事实，痛苦、悲伤、孤单的真实感受，从来不会塑造或制约我们的脑。所以我们才会这么注意，也觉察到文字的微妙，文字的意义，文字的分量。

全人类一体的感情和关系，必须国家、部落、宗教这些字眼消失，才有可能产生。文字，要不就是有意义，有深度，要不就是根本没有。对大部分人而言，文字早就失去了分量，没有什么意义。说河流并非指哪一条河流。美国的河流，英国、欧洲、印度的河流都是河流。但是一经由文字认同，实物和抽象就分裂了。和这个抽象分裂的是河流的本身，是水，是河水之深，是河水的量，是河流之美。

一九八三年五月三十日

一个多月来，这里每天下雨。加州那边，雨水早在一个多月前就停了，太阳很大，原本青翠的草地都干了，变成了褐色。从那样的气候来到这里，看到这些青草，这些绿树，还有那些蔓延成一片褐色的铜山毛榉颜色越来越深，不禁感到非常惊讶。看到这些树变为青翠的树，真是愉快。整个夏季它们都会是这个样子。这个地球真是美。地球，不论是沙漠，还是翠绿鲜艳的果园、农田，总是那么美丽。

在田野里与牛羊一起散步，在树林里和着鸟鸣散步，心里无一丝念头，只是看着景色，看着树，看着羊，听杜鹃和林鸠啼叫。兀自走着，没有感情，没有情绪，看着树，看整个地球——这样看，你会体验到自己的思绪，觉察到自己对种种事物的反应，不容一丝思绪跑掉而不了解它的起因，它为什么产生。只要你很关照，不让思绪跑掉，你的脑就会很安静。然后你就在极度的寂静中看着。这个寂静有它巨大的深度，永远不退转的美。

那个孩子很会玩游戏，真的很行。功课也行，很认真。有一天，他跑去找老师说："老师，我可以和你谈一下吗？"老师说："可以，我们去散个步。"于是他们谈了一会儿。这是老师和学生之间的对话，双方都保持敬意，老师也很认真。所以聊得很愉快，已经忘记他是老师，他是学生；忘记阶级，忘记谁懂谁不懂，忘记权威，忘记谁比较好奇。

"老师，我不知道你是否了解我要问的这些问题。我为什么要受教育，教育在我的成长上扮演什么角色，我在这个世界扮演的是什么角色，我为什么要读书，为什么要结婚，我的未来在哪里？当然，我了解我要读书，要考试。我希望都能考过。我也许会活个几年。也许五十年，也许六十年，也许更久。可是这些未来的岁月，我的一生，我身边的人的一生会是什么样子？我会做什么，我花那么多时间读书，听老师讲课是为什么？也许会发生战争，我们可能都会死掉。如果我们的未来就是死，那么现在这样受教育有什么意思？拜托，我问这些问题是很认真的。我曾经听你，还有别的老师谈过这些问题。”

我一次讲一个问题。你在我面前摆了好几个问题。所以我们先来看最重要的问题：人类和你的未来在哪里？你知道你的父母生活过得相当不错。他们当然也愿意尽力帮助你。你要是结婚，他们也许会给你一幢房子，买一幢房子给你，加上里面应有的一切。你可能会有一个不错的太太——可能。所以你以后要做什么？一般的、庸俗的人吗？找一份工作，带着身边和心里所有的问题定下来——这就是你的未来吗？当然，战争可能发生，也可能不会。希望不会。我们希望人类了解，任何战争都无法解决人类的问题。人能改进东西，能够发明比较好的飞机。但是战争从来不曾解决人类的问题，也永远不会解决人类的问题。所以，此刻且暂时忘记我们可能会被疯狂的强权毁灭，被疯狂的恐怖分子毁灭，被某些发明敌人的群众煽动家毁灭。且暂时忘掉这些。让我们思考一下你的未来。你是世界的一部分。你的未来在哪里？做个庸俗的人吗？庸俗表示爬山爬到一半，做事情半途而废，从来不曾尽全力，发挥所有的优点，爬到山顶。

除此之外，当然，你必须了解还有外在的压力——压迫你做这做那。各种狭隘的宗教部派的压力和宣传。宣传从来不讲真话。既是真话就无法宣传。所以我希望你了解自己身上遭受的压力——父母的压力、社会的压力、传统的压力，要你当科学家、当哲学家、当物理学家，要你做研究，要你从商。这些你都了解。你在你这样的年纪非做不可。那么你该怎么办？这件事我们讨论过很多次。就像有一次爬山回来时我问你的一样，我要问你——不是以老师的身份问你，而是以朋友真正的关心问你，你的未来在哪里？你下定决心要通过考试，找个好工作。虽然如此，你还是得问：就是这样吗？就算你真的找到很好的工作，生活过得很愉快，你还是会有一大堆麻烦，一大堆问题。如果你建立家庭，那么不只你自己的未来，还有你的子女的未来在哪里？另外，你还必须忘记自己是德国人、法国人、英国人、印度人，想一想人类的未来。我们来谈一谈这个问题。不过请你了解，我不是要告诉你该怎么做。只有傻瓜才会劝人该怎么做。我不想当傻瓜。我希望你了解，我只是友善地问你，不是逼迫你、引导你、说服你。你的未来何在？你会很快地成熟，还是慢慢地、从容地、敏感地成熟？虽然，你在职业上可能是最优秀的，但你会不会很庸俗？你也许很杰出，不管做什么都做得很好。然而我说的庸俗是心的庸俗，思想的庸俗，整个生命的庸俗。

“老师，你这些问题我真不知道该怎么回答。我不太想这种问题。不过，你问我是否愿意和别人一样庸俗，我知道我不愿意。我了解世俗的吸引力。我知道我有一部分想要这些东西。我要乐趣，要快乐。但是，我的另外一面也知道这些东西的危险、麻烦、诱惑。所以，我实在不知道最后我会怎么样。另外，我并不了解我自己。这你说过很多次。不过有一件事很确定的，我不想做庸俗的人，虽然脑筋聪明，却思想浅薄、心胸狭隘。我也许会读很多书，得到很多知识，可是仍然浅薄、狭隘。老师，庸俗这两个字你用得太好了。我自己一看，都感到害怕——不是怕这两个字，而是你表达的意义。我真的不知道，不过和你谈一谈，或许可以把问题厘清。我跟爸妈说话就没有这么容易。他们或许也有这些问题。他们或许生理上比我成熟，不过心境可能和我一样。所以，如果可以的话，你愿意的话，我可不可以再找一次机会，请你和我谈一下？我真的很害怕，很担心是否有能力面对这些问题，通过这些问题，不要变成庸俗的人。”

从未有过这样的早晨。草地近在身旁，山毛榉静止，小路直入山林深处——一切皆静。天空听不到鸟的啁啾，近处的马也兀自静静地站着。这样的早晨，清新、温馨，真是少见。整个这一带非常安详，一切那么沉静。那种感觉是绝对的寂静。这不是浪漫的多愁善感，不是诗意的想象。它只是在这里。这一切只是一个简单的东西。青翠的原野一直延展到远方。今晨铜色的山毛榉在这一片原野的衬托之下，显得欣欣向荣。一片白云，笼罩着晨光，悠闲地飘了过去。太阳刚刚升起，感觉极度的平和，又有一种礼赞的感觉。不是礼赞什么神，什么想象的神，而是因为极度的美油然而生的敬意。这样的早晨，令人可以放弃自己积攒的一切，与眼前的树林，这些树，这一片宁静的草地同时沉静在那里。天空是淡而柔和的蓝色。原野的一端有杜鹃在啼，林鸠在咕鸣，黑鸟也开始了他们的晨歌。你听到远方有汽车经过。天空既然这么静，这么美，等一下或许就会下雨。在这里，只要早上天气很晴朗，通常都会下雨。今天早上实在太特别了。今天早上有一种东西以前从未有过，以后也不会再有了。

很高兴你来找我。如果准备好了，我们就继续讨论庸俗和你的前途吧！我们可以在自己的生涯上很优秀。我们不会说各行各业都很庸俗。但是，一个好木匠在他的职业上也许并不庸俗，在日常生活，在内心生活，在与家人的生活上，却可能庸俗。我们都了解这两个字的意义，现在应该来探讨它的深度。我们要谈的是内心的庸俗，心理的冲突、问题、困苦。有些科学家很伟大，可是内在过着庸俗的生活。那你呢？在某些方面，你非常聪明。但是你准备把你的脑用在什么事情上面？我们不是在说你的生涯。这个以后再讨论。我们确实应该关心你以后的生活方式。当然，你不会变成罪犯。如果你够聪明，你也不会变成流氓。你可能会找到很好的工作。不管你做什么，你都会做得很好。所以，这一点暂时不讨论。但是，论内在，你的生活是怎么一回事？论内在，你的未来在哪里？你会不会和大家一样，一天到晚追求快乐，又永远被一大堆心理问题困扰？

“老师，目前除了考试和厌烦考试，我没有什么问题。我有某种自由，觉得很快乐、年轻。可是每次看到一些老人，我就问自己，我要像他们那样过一辈子吗？他们似乎也有过不错的生涯，或者已经做到自己想做的事情。虽然如此，他们现在却死气沉沉，麻木不仁。他们在脑的深层素质上，似乎也不怎么样。我当然不愿意变成这样。我要不一样的东西，这不是虚荣，也不是野心。我当然想要好的生涯，好的工作。然而，我绝对不想如这些老人一样，失去自己喜欢的一切。”

你也许不喜欢，可是生活是很残酷的。它不会放过你。你会有很大的社会压力。不管你住在这里，在美国，还是哪里都一样。你会一直受到压力，要你和多数人一样，要你变成伪善，要你说你不想说的话。如果你结婚的话，问题更多。你要了解，生活是很复杂的，不是想追求什么就追求什么，然后一头栽进去而已。那么多年轻人都想有成就，都想当律师、工程师、政治家等等。你讲的那些老人以前就是这样。由于长久的欲望，长久的冲突，他们已经累了。你看看你身边那些人。他们搭的都是同一艘船。有的离开船，四处流浪，然后死去。有的寻找这个世界和平的角落，然后隐居起来。有的进入寺庙，发重誓，变成和尚。绝大多数人，百万千万人，则是过着卑微的生活，前景非常狭窄。他们有他们的悲伤，他们的快乐。但是他们似乎从来不曾逃脱这些悲伤、快乐，不曾了解，然后超越。所以我们还是要问，我们的未来在哪里？你的未来又在哪里？当然，你还太年轻，无法深入讨论这个问题，因为年轻和这种问题是两回事。你现在可能是不可知论者。年轻人就是什么事都不信。等你老了以后，就会开始倾向某种宗教迷信、教条、信仰。宗教不是鸦片。不过，人们照着自己的想象，仗着盲目的舒适和——因此而来的——安稳塑造宗教。把宗教变成全然不智、无法实践的东西，而不是可以一起生活的东西。你几岁？

“十九岁。我祖母留给我一点东西。等我二十一岁，还没上大学之前，也许可以出去旅行，到处看看。但是我知道，不管我到哪里，不论我的前途何在，我永远会有这个问题。我会结婚——可能会结婚，然后有孩子。于是问题又来了：他们的前途在哪里？我多多少少知道当今世上的政客在做什么。就我所知，政界真是丑陋。所以我想我不会当政治家。这一点很确定。不过我想要有很好的工作。我喜欢动手动脑。但问题是怎样才不至于和百分之九十九的人一样，变成庸俗的人。所以，老师，我该怎么办？是的，我知道有教会，有寺庙。可是这些东西吸引不了我。我会反抗这一切——反抗这些僧侣，这些威权阶级。但是我该怎么做才能使自己不至于变成普通的、一般的、庸俗的人？”

如果可以的话，我建议你不论什么情况都不要问，怎么办？你一问这句话，就会希望有人来告诉你怎么做，告诉你某种指引、体系，就会希望有人牵着你的手，引导你，免得你失去自由，失去观察能力，失去自己的活动、思想、生活方式。你一问怎么办，你就变成二手人，失去自己的完整，也丧失诚实看待自己、做自己、超越自己的内在能力。因此，绝对，绝对不要问人家怎么办。当然，我们谈的是心灵的问题。如果是制造汽车，制造计算机，你就必须问怎么办。你必须向别人学习怎么做。但是，要在心灵上自由而原始，唯有觉察自己内在的活动，看自己想些什么东西，绝不错失一丝念头而不观察其本质、其源头才有可能。观察，注意。我们从观察学到的东西，比从书本、从心理学家、从复杂博学之士那里学到的东西多太多了。

不过这很难，我的朋友。它会把你东拉西扯。所谓的诱惑——生物的、社会的诱惑——实在太多了。残酷的社会会把你撕裂。你当然挺得住。不过，这不是靠硬撑，靠决心，靠欲望，而是由于你开始看清自己身边和身上种种事物——感情、希望——的虚妄。看清虚妄的事物，就是觉察的开始，智慧的开始。你必须做自己的明灯。然而这是人生最难的一件事。

“老师，听你这样讲好像很难，很复杂，很可怕，很吓人。”

我只是向你指出这一回事而已。事实不一定令你害怕。事实是可以观察的。只要观察，就不会再害怕。事实并不怕人。不过，如果你逃避，转身跑掉，事实就怕人了。挺住，看到自己的所作所为并非完全正确，接受这个事实，不按照自己的快乐或反应模式来解释事实，事实就不怕人。生活并不简单。你可以生活简单，不过，生活本身是从这边一直延伸到那边的地平线，广大而复杂。你可以衣着朴素，日食一餐，然而这不叫简单。要简单，生活方式不要复杂、矛盾，内心单纯就行了。今天早上你在打网球，我看到。好像打得蛮好的。我们也许下次再谈。看你。

“谢谢老师。”

心灵日记

一九七三年九月十五日

孤独是好的。走在街上却又远离世界就是孤独。山溪充满春天的融雪与河水，奔腾喧嚣。沿着溪边的山径孤独地走着，就会觉察到那棵孤绝的树孤独地矗立在自己的美当中。人走在街上却感到寂寞是人生的一种痛苦。这时的他绝不孤独，绝不远离，原始，开放。充满知识就制造了无休无止的痛苦。人走在街上就是想表达什么，但又有挫折和痛苦。他绝不孤独。那种寂寞的涌动，即是悲伤。

山溪因为融雪和初春的雨水，水位漫涨。你可以听到溪水冲激到大石头，使大石头移动的声音。一棵很高的松树，树龄大约有五十几年，倒下来，躺在溪里。山路已经给冲刷掉了。溪水黄沙滚滚。上方的原野长满了野花。空气很干净，令人迷醉。高山上仍然有雪，冰河和山峰上甚至还有新雪，而且整个夏季都将保持雪白。

这是奇妙的早晨。你原有可能一直走着，不感觉山的陡峭。空气中有一种芳香，清爽芬郁。路上来去皆不见人影。你独自一人和几棵松树，和湍急的溪水同在。蓝色的天空蓝得叫人惊讶。这种蓝色原本只有山峦才会有。你从松树的枝丫间凝望着天空。你没有人可以讲话，也没有自言自语。一只喜鹊，黑白两色，飞了过去，消失在树林中。山径已经离开喧嚣的山溪，四周绝对的静。这种静不是吵闹之后的静，不是太阳下山以后的静，不是心静下来以后的静，不是博物馆、教堂那种静，而是和空间、时间全然无关的静。这种静不是心创造的静。太阳很烈，阴影很令人爽快。

他最近才发现自己这样长程散步时，走在街上或孤绝的山径时，心里竟是一念不起。从小就是这样——心里没有一点念头进来。他只是看着，听着，就这样而已。意念，连带它的种种联想，从来不起。也不产生意象。有一天，他突然觉察到这是多么不寻常。他屡屡想要思考，可就是一念不起。散步的时候，不论与人同行还是没有，都一念不起。这就是孤独。

覆雪的山峰开始有又黑又厚的云聚集。等一下也许会下雨。现在太阳依旧又大又亮，人、物的影子仍然深黑。空气中那令人愉悦的气息依旧。不过，雨水将带来另一种气味。要回山下的农舍，还有很长的一段路。

一九七三年九月十七日

那天晚上，从树林间走过，感觉蛮危险的。太阳刚刚下山，西边的棕榈在金黄的天空衬托之下，显得非常孤绝。猴子已经躲进白杨树中，准备过夜。路上几乎没有人，你很少碰到人。鹿倒是不少，很害羞，都躲在深深的树林中。可是那种危险的感觉就是在那里，厚重而无所不在，就在你身边。你环视四周，看不到什么野兽。野兽早就离开了这一带；因为这里太接近市区。很高兴离开这里，回到有灯火的街上。第二天晚上，虽然还是有猴子，有鹿，太阳也落到大树后面，可是那危险的感觉却消失了。那些树，那些小植物反而在欢迎你。你置身在朋友当中，感觉很安适。树林接受了你，从此你每天晚上在那里散步都觉得很愉快。

森林就不一样了。森林里的危险很真实，不但有蛇，而且大家确实知道里面有老虎。有一天下午，你在里面走着，突然一阵沉静，很异常。鸟不叫，猴子也静静的，似乎一切都摒住了呼吸。你也静静地站在那里。接着，一切又突然活了过来。猴子又开始玩，鸟又开始黄昏的啁啾。你自此知道刚刚有个危险已经过去。

树林里气氛就不一样。人在树林里宰杀兔子、雉鸡、松鼠。进入树林，你就进入人带着枪和残暴早就进入的世界。所以树林失去了温柔、热情，原来的美已经不见，愉悦的低语已经消失。

你只有一副脑筋，你要善加爱惜，因为这一副脑筋真是神奇，这么复杂、广大，能力这么强，这么精巧，产能这么大，任何机器，任何计算机都无法与之比拟。那是经验、知识、记忆的仓库。我们所有的思想都源自于这一副脑筋。它拼凑出来的东西——祸害、混乱、悲伤、战争、腐败、假象、理想、痛苦、哀愁、大教堂、清真寺、圣殿——也真是令人难以置信。它已经做的，能做的，都太神奇了。不过似乎唯有一件事不能，那就是，完全改变它和另外一副脑筋，另外一个人关系上的行为。惩罚或奖赏改变不了它的行为，知识也改变不了它的行为。我和你依然故我。它从来不了解我就是你，观察者就是被观察者，它的爱就是它的退化，它的快乐就是它的痛苦，它理想中的神就是毁灭它的人，它的自由就是它的监狱。它接受教育，要它好好活在这座监狱当中，却只让它感觉这座监狱很舒服，愉快而已。你只有一副脑筋，要善加爱惜，不要毁了它。否则要毒害它太容易了。

奇怪的是，他和那些树、河流、山总是缺乏距离。这不是培养出来的。这种东西没办法培养。他和别人之间总是没有围墙。别人对他说什么，做什么，总是伤害不了他，恭维他也感动不了他。反正他就是不为所动。他并不疏远、冷淡，只是像河水一样。他没有什么意念，孤独的时候甚至一念不起。他的脑讲话写东西时很活跃，其他时候则是鲜活而静，却不动。动属于时间，鲜活则不然。

这种鲜活，不论睡或醒，一直都在，不论方向。他常在这种冥思的鲜活当中醒来。这种东西大部分时候都在，他不要求也不排斥。前一天晚上，他半夜里醒来，非常清醒，感觉那个东西像火球或光球一般，跑进了他头脑里，进入了头的中心。他客观地看着它，仿佛看别人的事情一般，看了好一会儿。这不是幻象，不是心造之物。黎明将至，他从窗帘隙缝中看到了那几棵树。

一九七三年九月二十日

早上河流特别美。太阳刚刚升上树梢，村庄隐藏在树林后面。空气很静，水上没有一丝涟漪。今天白昼会很热，现在却很凉爽。一只猴子，又粗又大，孤单地坐在阳光里。他总是白天消失，清晨出现在那棵罗望子树上。等一下温度升高以后，树会好像把他吞噬了一般。几只翠金色京燕，几只鸠停在栏杆上，秃鹰栖息在另外一棵罗望子树上。四周一片广大的静，你坐在凳子上，入神在这个世界里。

从机场回来的路上，林荫夹道，树上有红的绿的鹦鹉飞来飞去。你老远从车上看到前面有一大捆东西。车子开近以后一看，是一个人，几近赤身裸体，躺在路上。我们走下车。这个人身大头小，躺在那里，从树枝之间看着那蓝得叫人惊讶的天空。我们也抬头看天空，天真是蓝，树叶真是绿。他是畸形儿，他们说他是村里的白痴。他动都不动一下，我们的车子只得小心地绕过去。骆驼背着货物走过去，小孩子叫着闹着跑过去，对他毫不在意。一只狗绕着大圈子跑过去。鹦鹉忙着吵闹，村民、树木、干涸的田野、黄色的花都忙着各自的存在。世界的这个部分没什么发展，他这种人不会有什么人或什么机构来照顾。到处是脏乱、水沟、拥挤的人。圣河兀自流着。到处都是人生的悲伤。天上飞翔着翅膀巨大的秃鹰，翅膀静止盘旋着，长时间地盘旋着，看着，等着。

何谓健全，何谓疯狂？谁健全，谁疯狂？政客健全吗？僧侣疯狂吗？献身于意识形态的人，健全吗？我们都受到意识形态的控制，塑造，压迫，我们健全吗？

何谓健全？行动、生活、种种关系都完整，不破碎——这就是健全的本义。健全意味着完整，健康，神圣。疯狂、神经质、精神病、失去平衡、精神分裂——随便你怎么称呼都可以——就是行动、关系，亦即存在断裂、破碎。制造仇恨、分裂——这就是代表你们的那些政客在做的事情——就制造疯狂，培养疯狂。这一点，不论那些政客是独裁者，还是假借和平，或某种意识形态之名掌权的人都一样。僧侣也是。看看僧侣的世界。他站在你和真理、救主、上帝、天堂、地狱之间。他是代表，是通译。他掌握天堂的钥匙。他用信仰、教条、仪式制约人。他是真正的宣传家。因为你要的是舒适安全，又害怕明天，所以他能够制约你。艺术家、知识分子、科学家广受众人的钦敬、恭维——他们健全吗？他们是否同时活在两个世界当中，一个是观念、想象力、表现之冲动的世界，一个是日常生活悲伤与快乐的世界，两者完全分离？

你周遭的世界破碎，你就破碎，表现出来就是冲突、混乱、痛苦。这个世界就是你，你就是这个世界。健全就是过着行动的生活，而没有冲突。行动与观念互相矛盾。见即是行，而不是先观念，再依照观念的结论而行。否则就会产生冲突。谁分析，谁就被分析。谁分析，谁就把自己从被分析者分离出来，因而制造冲突。冲突属于失衡的领域。观照即被观照，健全即在其中，完整即在其中。和这种神圣同在的，即是爱。

一九七三年九月二十七日

那是废墟中的一间寺庙，长廊、门的屋顶已经塌陷，神像的头不见，院子一片荒芜，早就变成小鸟、猴子、鹦鹉、野鸠的住家。那些无头神像，有些依然很美，有一种无语的尊严。整个地方很干净，倒令人有些惊讶。你可以坐在地上看猴子和啁啾不休的小鸟。很久以前，这一座庙一定香火鼎盛，朝拜的人不断，到处是花环、馨香、经文。当时的气氛至今仍在，他们的希望、恐惧、虔敬至今仍在。但是，当年神圣的庇佑所，如今湮灭久矣。渐渐热了起来，猴子不见了。鹦鹉和野鸠却筑巢在墙壁高处的洞洞和裂缝里面。这一座废墟离村里太远了，幸免了村民进一步的破坏。他们果真来了，不免就要亵渎这一片空寂。

宗教如今业已变成迷信、偶像崇拜、信仰、仪式，丧失了真理的美。香火取代了实相。原来直接知觉的所在，如今是人手或人心雕塑的神像。宗教原本关心的是人的完全转变。除此之外，围绕着它的一切把戏全是胡说八道。就是这个道理，所以不论寺庙、教堂、清真寺有多美，其中一样找不到真理。真理的美和石头的美是不一样的。前者打开那无可思量者的门，后者打开人的监狱。一个通向自由，一个通向思想的羁绊。浪漫与多愁善感抵触了宗教的本质。但宗教也不是理智的玩物。在行动的领域里面，我们需要知识，做事才会客观，有效率。但是，知识不是人赖以转变的东西。知识是思想的结构，而思想，不论如何修正，扩充，只是呆滞的重复已知的东西而已。所以，思想之道，已知之道，毫无自由可言。

那一条蛇趴在田埂上，绿色的花纹在晨间阳光照耀之下，显得繁复而鲜艳。它或许在休息，或许在等待哪一只粗心大意的青蛙。这里的人把青蛙抓起来，送到欧洲，让人当美食。那一条蛇静止不动，身体的颜色几乎和干土一样，很难看出来。可是，它黑黑的眼睛反映着天光。身上只有一样东西在动，那就是黑舌在嘴里进进出出。它大概没觉察到身后有个人在看它。这一个早晨,到处都是死亡。你在村子里听到它——那遗体包在布里抬出来时，家人在饮泣。一只风筝掉下来,打到一只小鸟。有人在杀动物,你听到那凄惨的叫声。死亡日复一日在持续，每个地方无处不在——悲伤也是。

真理的美与精细不在信仰或教条当中。人在哪里可以寻着真理之美，真理之美即不在哪里；因为，真理之美无路可以趋近。真理之美不是固定的点，不是避风港。真理之美有它自己的温柔。它的爱无可思量,无可掌握,无可体验。它没有市场价值可让你利用或抛弃。脑和心空出一切意念,真理之美即在那里。和尚和穷人并不接近真理。富人也是。自称有所知的人触及不到真理，无论哪一方面的天才都这样。要是有谁说他知道真理,他就永远接近不了真理。要远离世间，但活出真理。

那天早上，鹦鹉在罗望子树上又飞又叫，一早就进进出出，动个不停。它们的花纹是绿的，红色的喙又大又弯，飞行的时候绕来绕去,从不直飞,一边飞还一边叫。有时候它们会停在阳台的栏杆上。这时你便可以就近看它们。过不了多久，它们就会飞走，开始又疯又吵。它们好像只有一种敌人,那就是人。人会把它们关在笼子里。

一九七三年十月四日

小时候，他常常一个人跑到池塘边大树下，坐在那里。池塘里种着莲花，花瓣粉红，气味很强烈。他坐在那棵大树的树荫下，看着那些变色龙、细细的绿色的蛇、青蛙、水蛇。他的弟弟和别人会跑来叫他回家。树下，加上那池塘和小河，真是一个愉快的地方。那里似乎空间很大。这一点，像是大树制造了自己的空间。凡事都需要空间。安静的夜晚，那些小鸟间隔整齐地停在电话线上，为天空制造了空间。[①]

两兄弟会和很多人坐在那有很多挂图的房间。先是有人用梵文唱赞美诗，然后完全的安静。那是晚上的冥思。弟弟会睡着，躺在那里，一直到别人要走了才醒过来。房间不是很大，四壁挂着图画与圣者的画像。人在寺庙、教堂这种狭小的空间，赋予空间的广大运动以形式。哪里都是这样。在清真寺，这种形式保持在优雅的经文当中。爱需要极大的空间。

池塘那里有蛇，有时候也会有人来。池边有石阶一直通到水里。水面长着莲花。思想制造的空间算得出来，所以是狭小的。文化和宗教都是思想的产物。我们的心充满了思想，由思想构成，其意识是思想的结构，所以没有什么空间。这种空间是时间从这里到那里的运动，是时间从中心到外围意识——不论狭隘或宽大——的运动。这个中心为自己制造的空间是它的监狱。它的种种关系都是从这个狭小的空间出发。可是要活着就要有空间。我们的心的空间否定了生命。活在

---

① 编按：这是克氏的童年自述。

这个中心的狭小空间，就有斗争、痛苦、悲伤——这当然不是活着。

你和那棵树之间的空间、距离，就在于文字，在于知识。文字、知识都是时间。观察者在自己和那些树木之间，在自己和当下即是之间制造的距离，即成为时间。没有观察者，距离随即消失。辨认树木，辨认某人或某一公式，都是思想的行为，都是思想在寻求保护、安全。距离即是从一点到另一点。要到达那一点，就需要时间。因为有方向——不论内在，还是外在的方向——才会有距离。观察者在自己和当下即是之间制造了分别，制造了距离。冲突和悲伤就此产生。但是，当下即是，唯有看与被看之间没有分别，没有时间，才有可能转变。爱是没有距离的。

弟弟死了，任何一个方向都没有离弃悲伤的动作。这种不动是时间的结束。那条小河起自山林绿荫之间，然后奔腾怒吼的流进大海，流进无尽的地平线。人却活在各种箱子里，所以没有空间。他们残暴、无情、害人、侵略成性。他们互相隔离，互相毁灭。然而河流就是地球，地球就是河流。两者没有彼此，就不可能存在。

文字没完没了。但是沟通有言辞的沟通，也有非言辞的沟通。聆听文字是一回事，聆听非文字又是另一回事。一个是不着边际的、表面的，不会使我们行动；一个却是完整的行动，善的开花结果。文字筑起美丽的墙壁，但没有空间。记忆、想象却是快乐而生痛苦。快乐并不是爱。

那天早上，那条细细的绿色的蛇在那里，很纤细，隐在绿叶之间，几乎看不见。它会纹丝不动地待在那里，看着，等着。变色龙的大头却很明显。它趴在树枝上，颜色老是变来变去。

一九七五年四月十日

沉静的深夜，和宁静的清晨，太阳刚刚照到山头的时候，总感到有一个极大的奥秘存在所有生物当中。安静的坐在树下，你会感觉到地球的古老和他不可解的奥秘。宁静的夜晚，星星又大又亮，你会感觉到空间一直在扩展，感觉到万物奇妙的秩序，那不可思量者奇妙的秩序，空无奇妙的秩序，那黑暗的山与猫头鹰嗥叫的秩序。这样的奥秘在心绝对的寂静中一直扩展，没有时间，也没有空间。那些以无限的细心，无限的关注——这就是爱——建造起来的古老寺庙里就有奥秘。清真寺、大教堂却已经失去奥秘，因为那里面有的是顽固、教条、矫饰。从我们的心深处揭露出来的神话不是奥秘，那是浪漫的，传统的，且是制约出来的。我们内心深处，真理已经被符号、文字、意象挤到一边，我们的心已无奥秘可言，有的只是意念的翻搅。知识及其行动当中，有的是惊奇、欣赏、愉悦。不过，奥秘却是另外一回事。奥秘不是经验，无法辨认，存放，记忆。经验是那无可言说的奥秘的死尸。言说要有文字、手势、表情。但是，要合而为一，你的心，你整个人却必须和那个所谓奥秘同一层次，同一时间，同样热烈。这就是爱。因为爱，整个宇宙的奥秘随即开显。

今天早上，晴空万里，太阳从山谷升起，万物欢欣，唯有人不然。他看一眼这奇妙的地球，就回过头自顾自劳动、悲伤、快乐。他没有时间看。他忙着处理自己的问题、痛苦、暴力。他看不到那棵树，所以也看不到自己的劳苦。他如果被迫看什么，就把自己看到的东西撕裂——这个他称之为分析。要不他就是跑掉，根本不想看。不过，看的艺术当中有的却是转变的奇迹，当下即是的转变的奇迹。“应该”

如何这种东西根本没有。看的艺术有的是巨大的奥秘。这需要细心，需要关注——也就是爱。

一九七五年四月十四日

一条巨大的蛇，又粗又肥，懒懒散散的，就在你眼前横过马路。它来自不远处的池塘，全身几乎全黑，夜晚的光落在它身上，使它的皮看来光亮无比。它懒散地爬着，却有着君王般位高权重的尊贵。它不知道你静静地站在那里看着。你其实离它蛮近的。它看来长五尺以上，身体因为吃了东西而鼓胀着。它向一个土墩爬去，你跟过去，离它几寸远看着他。它的叉状黑舌伸进伸出，向着一个大大的洞爬去。你差一点想去摸它，因为它实在有一种奇异的美，很吸引人。一个村民路过，大声喊说放过它，因为那是眼镜蛇。第二天，只见村民在土墩上供了一碟牛奶，几朵芙蓉花。土墩后有一片树丛，很高，几乎没有叶子，枝上的刺有两寸长，很尖，所以动物都不敢碰它那些肥美的叶子。它这样保护自己，谁碰它谁倒霉。树林里有鹿，害羞又好奇。它们会让你接近，可是太近，它们就一溜烟跑掉，消失在树林深处。要是你一个人，有一只会让你靠近。这一只眼睛很亮，大耳朵老是朝着前面。这种鹿，褐色的毛带白斑，很害羞，温驯，又很小心。置身在它们之间很舒服。其中有一只全白，必定是变种。

善并不是恶的相反。善一直为恶所困，但是从来不受恶的影响。恶伤害不了善。然而善有时候在恶看来好像碍手碍脚，所以恶就更为狡猾，更为诡诈。恶可以养成，可以变本加厉，可以非常残暴。恶生之于时间的运动之内，可以纵容，可以善加利用。但是善却不属于时间，绝非思想可以养成或纵容。善的行动看不到。善无因，所以无果。恶无法变为善；因为，善之为物并非思想的产物。思想产生之物，思想亦可去除，不过这并不是善。因为善不属于时间，所以也没有固定的地方。善之所在，即有条不紊。这有条不紊的秩序不是权威、惩罚、奖赏制造出来的秩序。善的秩序是根本的，否则社会就会败坏，人就会一变而为邪恶、凶残、腐败、退化。人就是社会，两者是分不开的。善的法则是永久的、不变的、永恒的，稳定是其本质，所以绝对安全。除了这种安全，别无安全。

自言录：克里希那穆提最后的日记

一九八四年三月三十日

春天，一个美丽的早晨，沿着直直的马路走下去，天空异常的蓝，万里无云，太阳很温暖，不会热，感觉很舒畅。树叶很亮，空气中有一种光辉。今天是最不寻常的美丽的早晨。高山矗立一边，难以穿越。较低的山丘苍翠美丽。你静静地走着，心里没有什么念头，倒是看到一片死去的叶子，黄而鲜红，是秋天的叶子。这一片叶子多么美丽，死得这么单纯，这么真切，充满了整棵树和整个夏天的美与生命。奇怪的是它并没有干枯。仔细地看，还可以看到叶子完整的形状，还有上面的茎和叶脉。这一片叶子就是一棵树。

为什么人总是因为生病衰老，死得这么悲惨，痛苦，身体萎缩，丑陋？人为什么无法像这一片叶子般死得这么自然，美丽。我们到底哪里不对劲？我们有那么多的医生，那么多药，那么多医院，动那么多手术，还有种种生命的快乐与痛苦，可是我们却没有办法死得单纯，有尊严，带着微笑。

有一次走在一条巷子，突然听到身后有经忏声，旋律、节奏都很美，带有梵文那古老悠久的力量。停下来回头看，一个年轻人，应该是长子，上身打赤膊，捧着火炉，里面燃着火。他后面两个人抬着他父亲的尸体。尸体覆盖着白布。他们在颂经。我知道那颂经的内容，差一点加入。他们经过之后，跟随在后面。他们一路颂经。那长子眼睛充满泪水。他们会把尸体抬到海边。那里已经堆了一堆柴火。他们会把尸体放在柴火上，然后放一把火烧了。就这么自然，这么简单，没有花，没有灵车，没有黑马拉黑色马车，安静而很有尊严。看着那一片叶子和树上的千百片叶子。冬天把这一片叶子从它母亲那里带到路上。不久，它就要干枯，萎缩，然后风把它吹走，就不见了。

教小孩子数学、写作、阅读及一切追求知识的事情时，应该同时教他们死亡的尊严，教他们死亡不是早晚不得不面对的、病态的、不快乐的事情，而是日常生活中的一件事，等于看蓝天，看树叶上的蚱蜢一样。那是学习的一部分，好比小时候长牙齿、生病一样。小孩子好奇心很强烈。要是你了解死亡的本质，你就不会向小朋友解释说万物皆有死亡，尘归尘、土归土，反而你会毫无恐惧地让他们明白死和生是同一回事——不是活了五十年、六十年、九十年之后生命结束，而是和那一片叶子一样。看看那些老人，多么老朽，多么迷糊，多么不快乐，多么丑陋。这不就是因为他们未曾真正了解生或死吗？他们习惯活着，在无休无止的冲突中蹉跎生命。这种冲突只有演练并且助长自己、自我、“我”的力量而已。我们把日子用在种种冲突、不快之上，偶尔有一些快乐，抽烟，喝酒，熬夜，然后就是工作，工作，工作。等到生命要结束时，我们才面对所谓的死亡这个东西，然后感到恐惧。然而死亡其实是可以了解，可以深入感受的。小孩子深具好奇心，我们可以帮助他们了解死亡并非只是衰老、生病、灾祸而耗损肉体，而是每一天的结束也是自我每一天的结束。

复活这一回事是没有的，那是迷信，是教条。这个地球，这个美丽的地球，万物皆是活着而死去，皆是存在而凋谢。要掌握这样的生之运动，需要智慧。这智慧不是思想的智慧，书本的智慧，知识的智慧，而是爱与慈悲，加上敏感的智慧。相信如果老师了解死亡的意义，死亡的尊严，了解死亡之非常单纯——不是理智上了解，而是深刻地了解——那么他必然也能够向学生，向孩子传达死或结束是生的一部分，所以是不必逃避，不用害怕的。这样，学生、孩子长大以后，就不会再害怕死亡。如果我们之前所有的人类，一代接一代的人类至今仍然活在这个地球上，那会是多么恐怖！

我们愿意帮助——不，这样说不对——我们要在我们的教育中使死亡成为实相，成为真实之事——不是别人死亡，而是我们每一个人，不论老少，都要面对这件事。这件事不是悲伤流泪，孤单，分离。我们向来轻易杀戮，不但杀动物来吃，连为了娱乐——说是运动——也莫须有地杀动物。我们猎鹿，只因为季节到了。可是杀鹿就是杀邻居。因为和大自然失去接触，和地球的一切生命失去接触，所以你才会杀鹿。你有那么多浪漫的、民族主义的、政治的意识形态让你在战争中杀人。你还以上帝之名杀人。杀戮和残暴是在一起的。

看到那一片叶子，看到它的美与色彩，你会深深地了解，深深地觉察我们的死亡必然不是结束，而是开始。死亡不是可怕的事情，不需要逃避，不需要延迟，反而是每天与之同在的事情。这样的与死同在，产生了那非凡的、广大无垠的感觉。

图书在版编目（CIP）数据

全然的自由．1 ／（印）克里希那穆提著；廖世德译．—上海：上海三联书店，2016.3
ISBN 978-7-5426-5448-9

Ⅰ．①全… Ⅱ．①克… ②廖… Ⅲ．①克里希那穆提，J．（1895～1986）－哲学思想 Ⅳ．① B351.5

中国版本图书馆 CIP 数据核字（2016）第 005384 号

全然的自由Ⅰ

著　　者／〔印度〕克里希那穆提
译　　者／廖世德
总 策 划／贺鹏飞
责任编辑／陈启甸
特约编辑／耿江秀
装帧设计／Metis 灵动视线 TEL:010-85983452
监　　制／吴　昊
出版发行／上海三联书店
（201199）中国上海市都市路 4855 号 2 座 10 楼
http：//www.sjpc1932.com
印　　刷／北京旭丰源印刷技术有限公司
版　　次／2016 年 3 月第 1 版
印　　次／2016 年 3 月第 1 次印刷
开　　本／640×960　1/16
字　　数／160 千字
印　　张／17.5

ISBN 978-7-5426-5448-9/B · 452

定　价：28.00元

著作权合同登记号 图字：09-2015-1119